Norbert Larisch
Gerichtshaus und
Staatsanwaltschaft Bremen

Norbert Larisch

Gerichtshaus und Staatsanwaltschaft Bremen

Baugeschichte, Handwerkskunst und Allegorien

Verlag H. M. Hauschild GmbH
Bremen

Abb. auf dem Umschlag:
Das Gerichtshaus an der Domsheide,
Ölgemälde von O. L. Fahrbach, 1895
Foto: Jürgen Nogai, Bremen

Buchgestaltung: Gernot Braatz, Bremen
Gesamtherstellung: H. M. Hauschild GmbH, Bremen

ISBN 3-929902-65-6

Inhalt

Vorwort

Zur ersten Auflage (1985)

Angeregt durch die Beobachtungen am alltäglichen Arbeitsplatz in diesem Hause und erstaunt darüber, daß sich – bis auf wenige Besucher – selten jemand um dieses augenscheinlich auffällige Gebäude zu interessieren scheint, habe ich versucht, intensiver zu beobachten, nachzuforschen und schließlich zu deuten.
Meine ersten Auswertungen habe ich am Tage der Offenen Tür am 5. November 1983 vorgestellt, damals noch recht bruchstückhaft und für den vorbeigehenden Besucher als „Schnellpaket“ anhand von Lichtbildern im Flur des Gerichtshauses gedacht. Die Resonanz der Besucher hat dazu beigetragen, daß inzwischen ein ziemlich genauer Überblick über das Gerichtshaus in Bremen gewonnen werden konnte. Seitdem habe ich zahlreiche Dia-Vorträge gehalten, Interessierte durch und um das Gerichtshaus geführt, und ich hoffe, durch dieses Buch weitere Interessenten zu finden.
Über das Gerichtshaus an der Domsheide in Bremen findet man erstaunlicherweise wenig Literatur. So mag es zu erklären sein, daß auch in den bekannten Stadtführern keine Erklärungen über das Gerichtshaus zu finden sind und viele Besucher nur die dort genannten Stätten besichtigen. Vor dem Gerichtshaus an der Domsheide steht nur hin und wieder jemand, der eigentlich den richtigen Weg zum Schnoor verloren hat. Sein suchender Blick ist deshalb oft nur bis zur Höhe der Straßenbeschilderung erhoben – leider!
Der bekannte Bremer Historiker Prof. H. Schwarzwälder rügte bereits, daß u. a. dieses Haus als bedeutendes Zeugnis seiner Zeit in den neueren Stadtführern nicht mehr gewürdigt wird. Der Kunstpädagoge R. Gramatzki, Bremen, setzt in einem Aufsatz (Bremisches Jahrbuch 1980) das Rathaus und das Gerichtshaus an die Spitze der imaginären Rangliste öffentlicher Gebäude in Bremen, die ikonologische Deutung zulassen.

Zugegeben, das Gerichtshaus kann sich sonst nicht mit den ehrwürdigen Bauten Bremens, wie Rathaus, Schütting, Dom usw., messen. Der Baustil um 1900 ist ohnehin höchstens kunsthistorisch von Interesse. Wer geht auch schon freiwillig in ein Gerichtshaus? Diese Meinungen reizten mich nun gerade, das Gebäude zu erforschen; diesen mächtigen Monumentalbau aus einer Mischung von burgartiger Festung und Schloß. Bereits beim Fotografieren war die Ausstrahlung von ursprünglicher Kraft zu spüren, die in mittelalterliche Formen frisches - in damaliger Zeit - neuzeitliches Lebensblut hineinzugießen versuchte. Es waren ja im Gerichtswesen große Reformen in Angriff genommen worden und die Auseinandersetzung, mit welchen Mitteln und in welcher Form Rechtsfrieden geschaffen werden sollte, noch sehr stark. Wenn dem vorübergehenden Bürger auch die Beziehung zum früheren Straf- und Zivilprozeßrecht häufig fehlen mag, der neben dem abwechslungsvollen Formenreichtum bei näherer Betrachtung aber auch heute noch auffallende Reichtum sinnreicher Symbolik sollte eigentlich seine Wirkung nicht verfehlen!
Zum Gelingen dieser Arbeit haben zahlreiche Personen geholfen, denen ich an dieser Stelle meinen besonderen Dank aussprechen möchte. Ich denke an alle (auch ehemaligen) Mitarbeiter/innen, die mich auf Besonderheiten am Bau hingewiesen haben. Dank schulde ich Herrn Lammek vom Landesamt für Denkmalpflege für den Hinweis auf Veröffentlichungen und alte Bilder, ebenso den Herren Dr. Lührs und Dr. Schwarz, Fricke und Vogel vom Staatsarchiv Bremen für ihre Unterstützung bei der Suche nach archivierten Materialien und Veröffentlichungshinweisen, Herrn Gramatzki vom Gymnasium an der Hermann-Böse-Straße für seine Anregungen in ikonologischen Fragen, dem – inzwischen leider verstorbenen – Herrn Hönke von der Landesbildstelle, der mich

fotografisch fachlich beraten hat, meinem Kollegen, Herrn Wedehase vom Amtsgericht, der mir eine der kostspieligen Fotoausrüstungen zur Verfügung gestellt hat, und Herrn Dillschneider für seine Vermittlung bei der Drucklegung dieses Buches. Nicht zuletzt danke ich besonders Herrn Crome, dem Präsidenten des Landgerichts und Hausherrn, der mein Vorhaben sehr aufgeschlossen gefördert hat. Nicht vergessen will ich aber auch den Dank an meine Familie, die große Opfer wegen meiner zeitraubenden Tätigkeit gebracht hat.

Vorwort

Zur zweiten Auflage (1995)

Seit der ersten Veröffentlichung sind zehn Jahre vergangen. Die erste Auflage war bereits nach drei Jahren vergriffen. Immer noch werde ich gebeten, Dia-Vorträge zu halten und Führungen zu organisieren. Das Interesse für das Gerichtshaus ist also geblieben, und immer häufiger werden meine Nachforschungen und Deutungsversuche besprochen und zitiert. Im September 1995 feiern wir den 100. Geburtstag des Gerichtshauses! Ein geeigneter Anlaß, zahlreichen Aufforderungen entsprechend, eine Neuauflage des Buches vorzulegen.

Was ist daran neu, werden sich interessierte Leser fragen? Zwar hat sich das Gerichtshaus nicht wesentlich verändert, und meine Deutungsversuche haben bislang kritischen Blicken widerstanden, so daß ich keine notwendigen Korrekturen vornehmen müßte. Wie ein oberflächlicher Blick aber schon verrät, ist der Bildteil gegenüber der Erstauflage durch neue Techniken erheblich verbessert und farblich gestaltet worden.

Im Laufe der Zeit sind außerdem Arbeiten ausgeführt worden, die Beachtung verdienen. Das in der ersten Auflage nur kurz abgehandelte Untersuchungsgefängnis ist inzwischen in ein Verwaltungsgebäude der Staatsanwaltschaft umgebaut und mit einer Anerkennung durch den Bund Deutscher Architekten gewürdigt worden. Dieser wichtigen Baumaßnahme habe ich einen zusätzlichen eigenständigen und bebilderten Textabschnitt *(„Buchstabenwechsel – Vom UG zur StA –“)* gewidmet. Das trifft auch für die inzwischen dringend notwendig gewordenen Sanierungs- und Restaurierungsarbeiten zu, wobei ich die Durchführung der Arbeiten erläutert und die Ergebnisse unter dem Titel *„Hausputz – Restaurierungs- und Sanierungsarbeiten –“* veranschaulicht habe.

Darüber hinaus wurde der gesamte Textteil aktualisiert und mit weiterem Bildmaterial veranschaulicht. Dabei sind bei dem Versuch allegorischer Deutungen auch Gedanken eingeflossen, die mir erfreulicherweise von zahlreichen Lesern zugesandt worden sind. Erst vor wenigen Monaten sind darüber hinaus zahlreiche Bilder vom Gerichtshaus aus der Zeit kurz nach der Fertigstellung des Hauses um 1895 im Magazin des Focke-Museums aufgefunden worden, aus denen sich nun neue Schlüsse über ehemalige Malerarbeiten und Standortbestimmungen herleiten lassen. Angeregt durch zwischenzeitliche Veröffentlichungen über das nationalsozialistische Unrecht u. a. durch das für den Landgerichtsbezirk Bremen errichtete Sondergericht in der Zeit von 1940 bis 1945, habe ich darüber ebenfalls einen gesonderten Abschnitt aufgenommen. Gerade die Rückschau auf das Gerichtshaus in den letzten 100 Jahren hätte einen Sprung, wenn diese unrühmliche Einrichtung mit mindestens 13 Richtern und 11 Staatsanwälten „der blutigen Strafjustiz des Dritten Reiches“ unerwähnt bliebe. Das tödlich endende Schicksal eines polnischen, jugendlichen „Zwangsarbeiters“ durch das Sondergericht ist nach Recherchen und einer Veröffentlichung verfilmt und dadurch – stellvertretend für zahlreiche andere Fälle – besonders bekannt geworden.

Danken möchte ich dem Senator für Justiz und Verfassung für die Förderung dieser Veröffentlichung. Durch seine Unterstützung ist es möglich geworden, den Bildteil gegenüber der ersten Auflage deutlich zu verbessern. Wiederum danken möchte ich meinen Kolleginnen und Kollegen, die mich laufend mit Hinweisen unterstützt und mir bereitwillig geholfen haben.

So handelt es sich nun doch um eine Auflage, die aktualisiert, erheblich erweitert und besonders in der bildlichen Darstellung verbessert wurde. Durch die Gewichtung der in dem Gebäudekomplex inzwischen untergebrachten selbständigen Dienststellen hat das Buch den erweiterten Titel verdient: *„Gerichtshaus und Staatsanwaltschaft Bremen“*.

I. Umbruch

Zur Vorgeschichte des Gerichtshauses

Die Gerichtsbarkeit im Lande Bremen wurde vor dem Bau des Gerichtshauses an unterschiedlichen Stätten ausgeübt. Nach der Literatur wurde zunächst der üblichen Sitte entsprechend unter freiem Himmel, und zwar auf dem Markt, dem Mittelpunkt des öffentlichen Lebens und im Angesicht des Doms, Recht gesprochen. Später entstanden überdachte Gerichtsstätten oder Hallen mit offenen Seiten, unter denen vier steinerne oder hölzerne Bänke aufgestellt wurden. Eine solche „Gerichtslaube" mag in Bremen später nördlich der Rolandsäule am jetzigen Liebfrauenkirchhof gestanden haben. Als im Anfang des 15. Jahrhunderts das neue Rathaus gebaut wurde, hielt man die Bogenhalle oder Arkade auf der Südseite, genauer gesagt, den zweiten Bogen dieser Arkade von der Westecke an gerechnet, für geeignet. Hier wurden, nahe beim Roland, die vier Gerichtsbänke aufgerichtet. Zur Abschließung des Raumes steckte man Balken zwischen Säulen und Rathauswand, sog. Dingbäume. Dort haben während des 15. und 16. Jahrhunderts die ratsherrlichen Richter im Beisein des erzbischöflichen Vogts „Allen ringsum zur Schau" zu Gericht gesessen. Das Fresko vom Salomonischen Urteil in der oberen Rathaushalle weist ebenfalls auf eine Gerichtsstätte hin. Dort tagte später das zivilrechtliche Obergericht der Stadt. Das dort ursprünglich aufgestellte Ratsgestühl war in seiner Funktion eigentlich ein Gerichtsstuhl, was auch durch die zahlreichen Ausschmückungen und Kernsprüche bewiesen und beschrieben ist. Nicht nur die Gerichtsstätten und die Rechtsprechung haben im Laufe der Zeit Änderungen erfahren, sondern auch die einzelnen Verfahrensordnungen. So gab es später in der Stadt neben dem Obergericht an verschiedenen Orten die Untergerichte mit ihren speziellen Zuständigkeiten, die gleichzeitig den Namen prägten, das See-, Kriegs-, Gewerbe-, Vereins-, Kämmerei- und Gastgericht oder das Gericht der sog. Morgensprachsherren. Auf dem Lande wurde dagegen durch die sog. Gohgerichte Recht gesprochen. In der Stadt Bremen waren ein oder mehrere rechtsgelehrte Bürgermeister oder Ratsherren, auf dem Lande der Gohgraf als Richter tätig.

Die neuen Ideen der revolutionären Jahre um 1848 (Frankfurter Nationalversammlung) wurden im Lande Bremen im Vergleich zu den *anderen deutschen Staaten* relativ spät gesetzlich verwirklicht. Die bremischen Gesetzgeber richteten ihren Blick nach den revolutionären und liberalen Proklamierungen über allgemeine Bürgerrechte zunächst auf die schon an anderer Stelle durchgeführten Änderungen im Rechtswesen. Das waren die Trennung der Gewalten (Justiz und Verwaltung), Schaffung eines Berufsrichtertums, Einführung eines modernen Strafprozeßrechts mit Öffentlichkeit und Mündlichkeit des Verfahrens, die Einführung der Schwurgerichte und – in Verbindung mit der Befreiung des Richters von seiner Anklägertätigkeit – die Einführung der Staatsanwaltschaften. So fanden in Bremen zwar schon am 27. 4. 1864 die erste Schöffengerichtssitzung und am 23. 6. 1864 die erste Schwurgerichtssitzung statt, die Gerichts- und Prozeßordnungen der Freien Hansestadt wurden aber erst mehrere Jahre später mit dem Inkrafttreten des Gerichtsverfassungsgesetzes, der Reichszivilprozeßordnung und der Strafprozeßordnung aufgehoben. An die Stelle der alten Straf- und Zivilgerichte traten in Bremen das Amts- und Landgericht; in Bremerhaven ein Amtsgericht. Das Oberappellationsgericht in Lübeck – seit dem Ausscheiden Frankfurts a.M. im Jahre 1867 ohnehin nur noch letztinstanzliches Gericht der drei Hansestädte Hamburg, Bremen und Lübeck – mußte in der neuen Organisation zugunsten des Hanseatischen Oberlandesgerichts in Hamburg weichen. Am 1. 10. 1879 fand schließlich infolge der „Neugestaltung des Gerichtswesens" die feierliche Eröffnung des Landgerichts in der alten Börse statt. Das Gebäude befand sich neben dem

Rathaus auf dem Liebfrauenkirchhof über dem heutigen Bacchus-Keller.
Das übrige Gerichtswesen war weiterhin an allen Ecken und Enden der Altstadt provisorisch untergebracht.
Zur Unterbringung der neu konzipierten Gerichte begann nun im ganzen Reich eine rege Gerichtshaus-Bautätigkeit. In alten Lexika ist noch heute nachzulesen, welche baulichen Erfordernisse ein Gerichtshaus nach der neuen Prozeßordnung damals verlangte.
So wurde der bereits seit 1854 erhobene Ruf nach einem eigenen Gerichtshaus auch in Bremen wieder laut. Der Senat stimmte jedoch dem Beschluß der Bürgerschaft zunächst nicht zu. In dieser Situation war es nun ausgerechnet die alte Börse, die als weiterer Grund für den Bau eines eigenständigen Gerichtshauses in Bremen maßgebend werden sollte: Sie brannte 1888 ab und ließ die Forderung, zunächst im Hinblick auf die Änderungen im Rechtswesen, nach einem eigenen Gerichtsgebäude nun auch ganz praktisch „brennend" werden.
Unter dem Druck dieser Ereignisse wurde der Bau eines neuen Gerichtshauses beschlossen.

Die „Alte Börse in Bremen" als vorläufiges Domizil verschiedener Gerichtsbehörden, insbesondere des Landgerichts

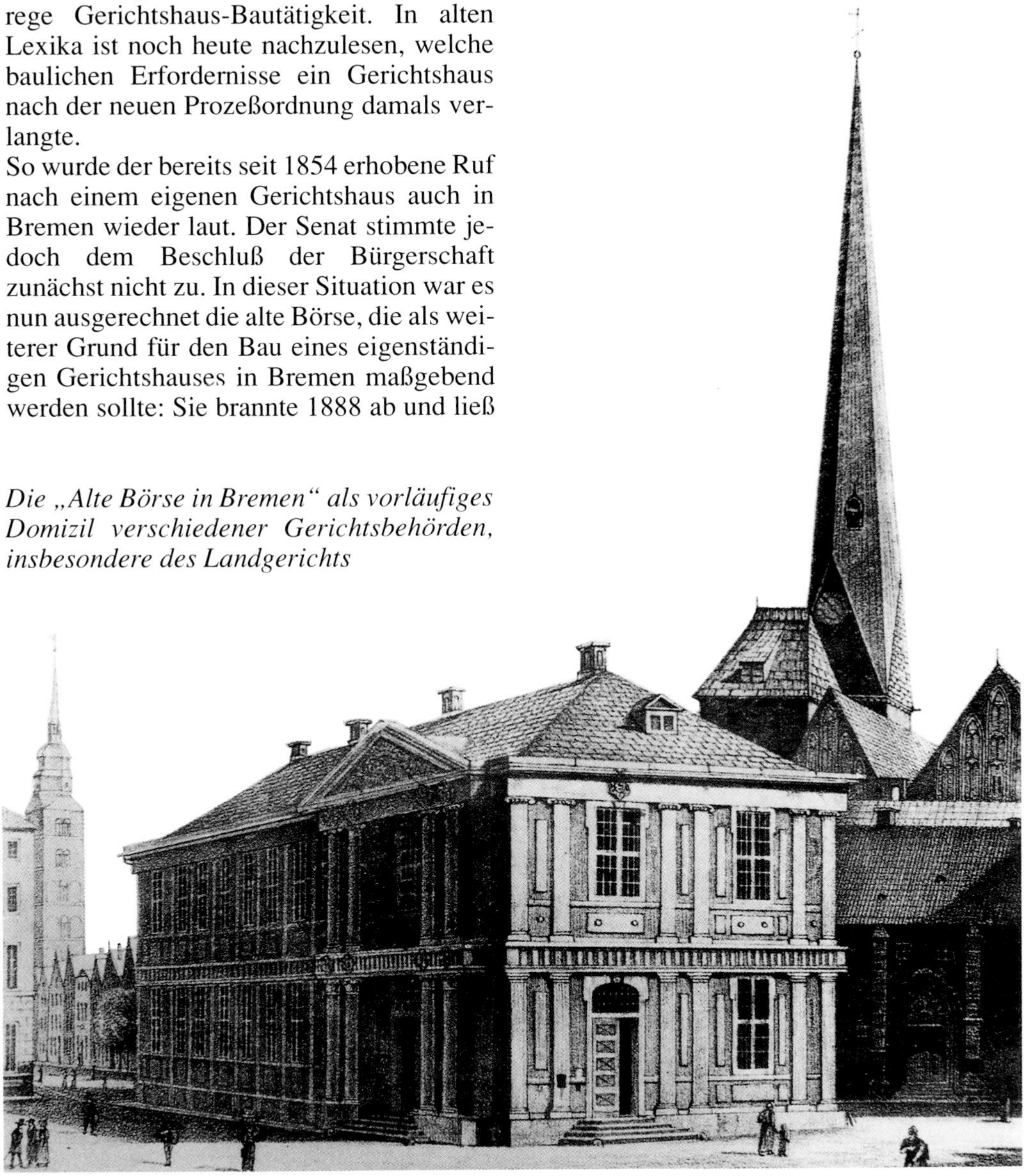

II. Neubeginn

Ein Bauplatz für das Gerichtshaus

Das Areal zwischen Violenstraße/Buchtstraße/Ostertorstraße und Domsheide war nach den Vorstellungen des Senats der geeignete Bauplatz für das Gerichtsgebäude mit einem Untersuchungsgefängnis. Der Vorteil war, daß bereits anläßlich früherer Baupläne an dieser Stelle einige Grundstücke in Staatsbesitz übergegangen waren. Es erscheint zunächst erstaunlich, daß an der Domsheide außer dem Künstlerhaus (heutige „Glocke“) und dem gerade erstandenen Reichspostgebäude (1875-1878) keine nen-

Die „Alte Post“

nenswerten Monumentalbauten zu finden waren, war doch die Straßenführung Ostertor - Domsheide - Markt - Obernstraße zu einer wichtigen Verkehrsader geworden. Ein geschichtlicher Rückblick erklärt jedoch diese Auffälligkeit: Bis 1646 war das Gebiet an der Domsheide im erzbischöflichen Besitz, danach wechselte es in schwedischen, dänischen und schließlich hannoverschen Besitz. Erst seit 1803 gehörte das Gebiet der Domsheide zum bremischen Staatsbesitz.
Als der Platz 1854 durch Abschlagen der Bäume und Anlegen von Trottoirs vor den bürgerlichen Häusern umgestaltet wurde, errichtete man in der Mitte auf einem Sockel das Gustav-Adolph-Denkmal. Prof. H. Schwarzwälder weist in seinem Buch „Bremen im Wandel der Zeiten – Die Altstadt –“ darauf hin, daß Domsheide nicht unbedingt auf ein ehemalig mit Heide bewachsenes Dünengebiet hindeuten muß, daß Heide (Haide) vielmehr im Mittelalter auch gleichbedeutend mit unbebautes Land war.

Zur Bauzeit des Gerichtshauses waren aber dennoch etliche bürgerliche und ehemals im Kirchenbesitz befindliche Gebäude vorhanden, die noch zu erwerben oder zu enteignen waren. Danach wurden sie abgerissen.
Darunter befand sich an der Violenstraße auch das alte Packhaus der Post. Das Haus barg bis 1803 die Domstruktur, eine ehemals erzbischöfliche Behörde, der die Unterhaltung des Doms und Domkapitels unterstand. Später hat es der Post als Wagenremise gedient, weshalb es im Volksmund „Alte Post“ genannt wurde. So ein Haus würde man heute sicher nicht mehr abreißen! Aber man hat ihm schon damals eine Gedenktafel gewidmet. Es handelt sich um eine Kupferplatte über dem Hauptausgang zur Hofseite des Gerichtshauses, die manchem Betrachter bisher sicher unerklärlich war.

Die „Alte Post“ als Relief

Domsheide, Ostseite, um 1865

Der Bauplatz nach dem Abriß der Gebäude

III. Wettstreit

Entwurf der Architekten

Die Ausschreibungen in allen namhaften Fachzeitschriften, insbesondere in der „Deutschen Bauzeitung“, Berlin, wurden von zahlreichen Architekten lebhaft angenommen. Es gingen 37 Entwürfe aus dem ganzen Reich ein.

Die Preisrichter entschieden sich aus sieben Entwürfen der engeren Wahl für einen ersten Preis und je zwei zweite und dritte Preise, so daß also fünf Entwürfe prämiert wurden. Die prämierten Entwürfe sind uns heute noch in einer Sammelmappe mit dem nebenstehenden Titelblatt im Staatsarchiv Bremen erhalten.

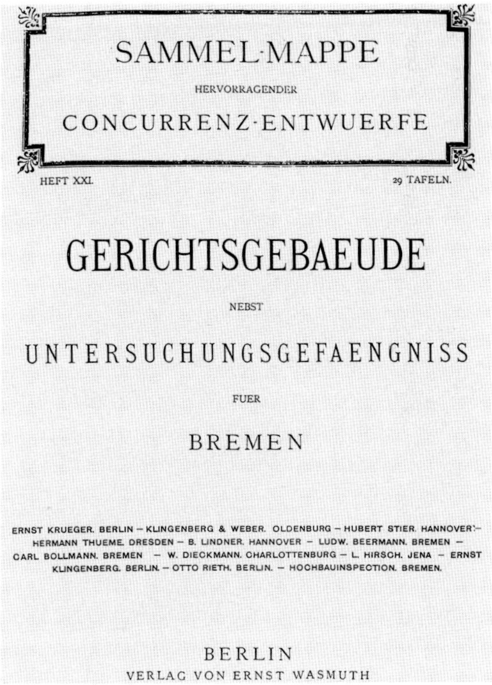
SAMMEL-MAPPE
HERVORRAGENDER
CONCURRENZ-ENTWUERFE

HEFT XXI. 29 TAFELN.

GERICHTSGEBAEUDE
NEBST
UNTERSUCHUNGSGEFAENGNISS
FUER
BREMEN

ERNST KRUEGER. BERLIN – KLINGENBERG & WEBER. OLDENBURG – HUBERT STIER. HANNOVER – HERMANN THUEME. DRESDEN – B. LINDNER. HANNOVER – LUDW. BEERMANN. BREMEN – CARL BOLLMANN. BREMEN – W. DIECKMANN. CHARLOTTENBURG – L. HIRSCH. JENA – ERNST KLINGENBERG. BERLIN. – OTTO RIETH. BERLIN. – HOCHBAUINSPECTION. BREMEN.

BERLIN
VERLAG VON ERNST WASMUTH

Um die Vergabe des ausgeschriebenen Bauwerks gab es trotz der prämierten Entwürfe zunächst noch ein Tauziehen. Der Entwurf des ersten Preises sei – so die amtliche Begründung – zu akademisch gedacht und den örtlichen Verhältnissen und Bremer Gepflogenheiten zu wenig angepaßt. Gelobt wurde dagegen der an zweiter Stelle prämierte Entwurf der Architekten Klingenberg und Weber aus Oldenburg, der – nach einigen Abänderungen – allen Richtungen am besten entsprach. Es wurde gelobt, daß die architektonischen Ausbildungen der Fassaden insgesamt im Einklang stünden. Der Entwurf zeige eine geschickte Ausnutzung des Bauplatzes und trage den Formen, der Lage und Beleuchtung der einzelnen Räume entsprechend Rechnung. Um die Weiträumigkeit der inneren Höfe zu erhalten, gingen die Architekten bis an die erlaubte Baugrenze heran – bis auf die Domsheide, wo wegen eines besonders gelungenen Einfalls die südwestliche Ecke um fünf Meter zurückgelegt wurde. Dadurch wurde diese Front als architektonischer Ausdruck gegenüber den in unmittelbarer Nähe gelegenen Monumentalbauten (Reichspost und Künstlerhaus) betont.

Durch die etwas zurückgezogene Fluchtlinie des Gerichtshauses an der Ostertorstraße in der Nähe der Domsheide wurde eine Verbreiterung der Ostertorstraße an dieser Stelle erreicht, insbesondere aber wurde dadurch der Haupteingang in die Mitte der bebauten Domsheide verlagert; ein gravierender Unterschied zu den Entwürfen der mitkonkurrierenden Architekten. Dadurch ist die Öffnung zur Ostertorstraße einladend, und die Bedeutung dieser Straße als Hauptachse der Stadt, nämlich zum Ostertor, konnte hervorgehoben werden. Der Westturm und die verzierte Straßenuhr sind weitere geeignete Kunstgriffe, dieser Absicht Nachdruck zu verleihen.

Im Erdgeschoß lagen an der Violenstraße die Räume des Katasteramts, im Mittelbau an der Ostertorstraße das Erben- und Handfestenamt sowie die Gerichtskasse und im östlichen Flügelbau die Vormundschaftsbehörde.

Im ersten Stock waren die Verwaltungsräume des Landgerichts und Amtsgerichts, die Zivilsitzungssäle und die Kammer für Handelssachen vorgesehen, im Mitteltrakt an der

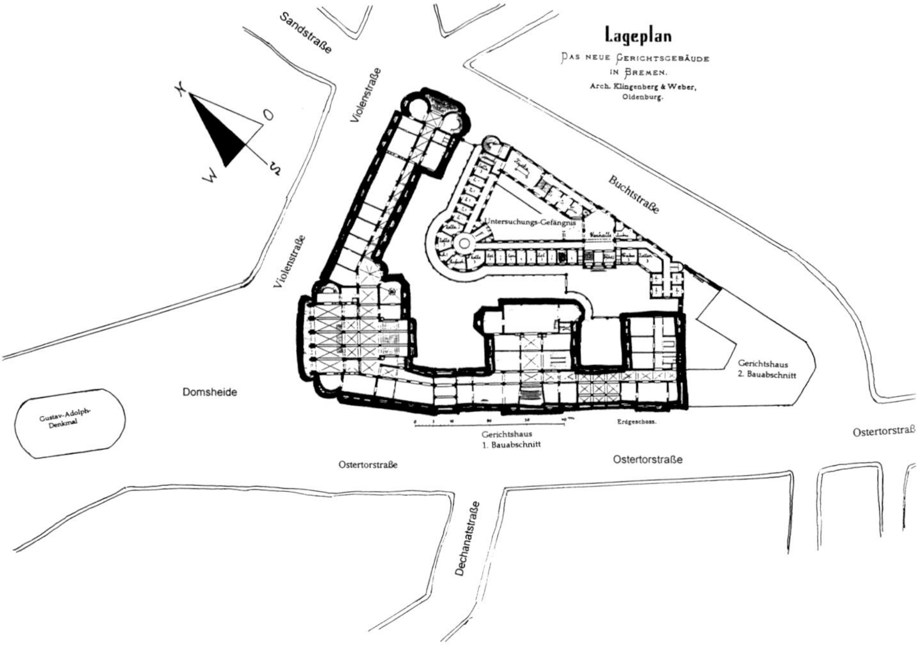

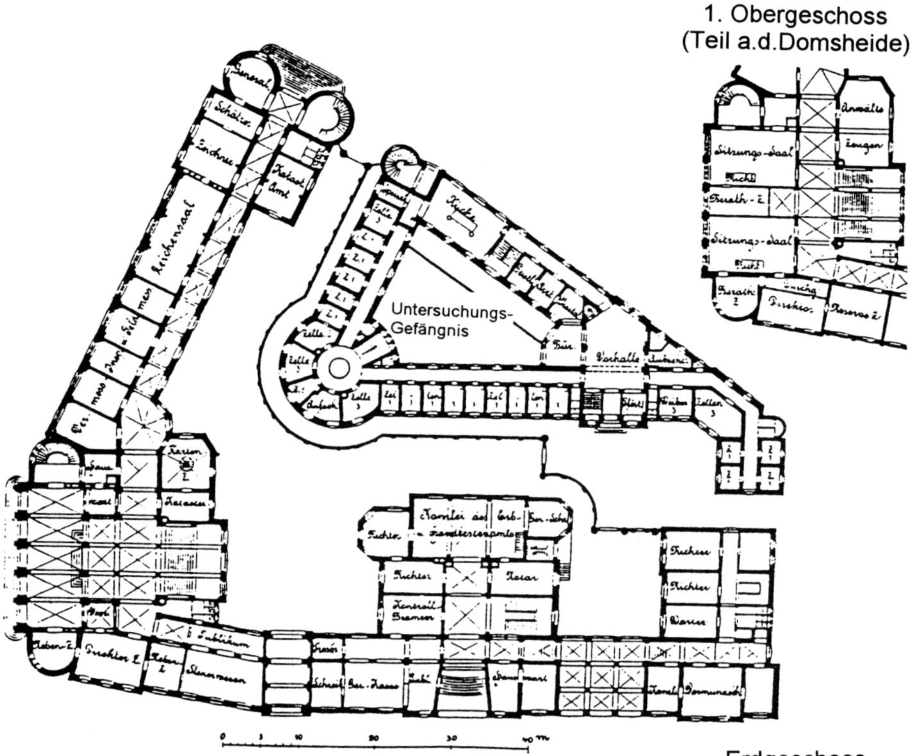

Gerichtshaus mit Untersuchungsgefängnis
(1. Bauabschnitt)

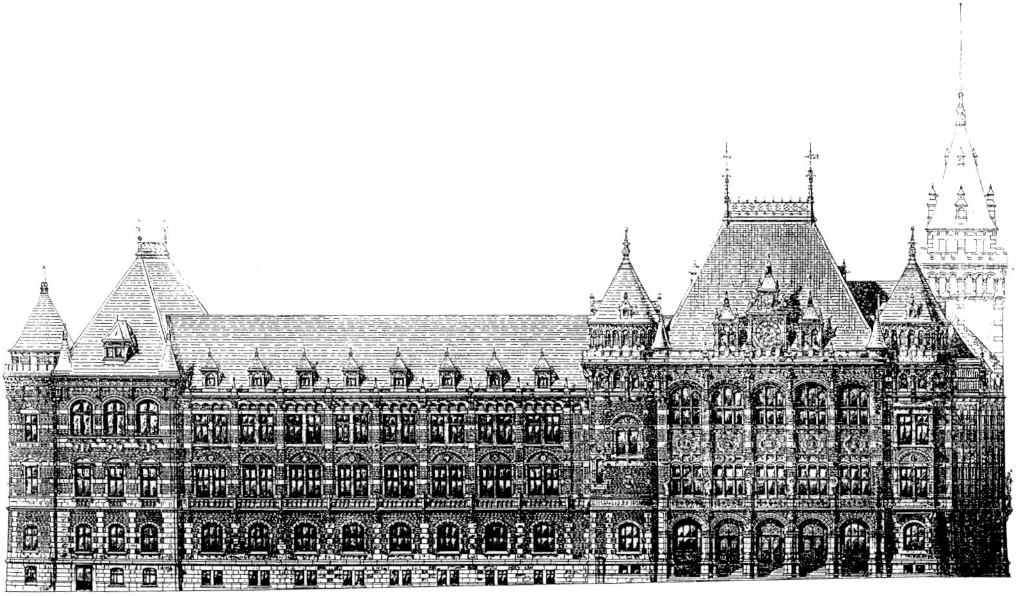

Ansicht Domsheide/Violenstraße

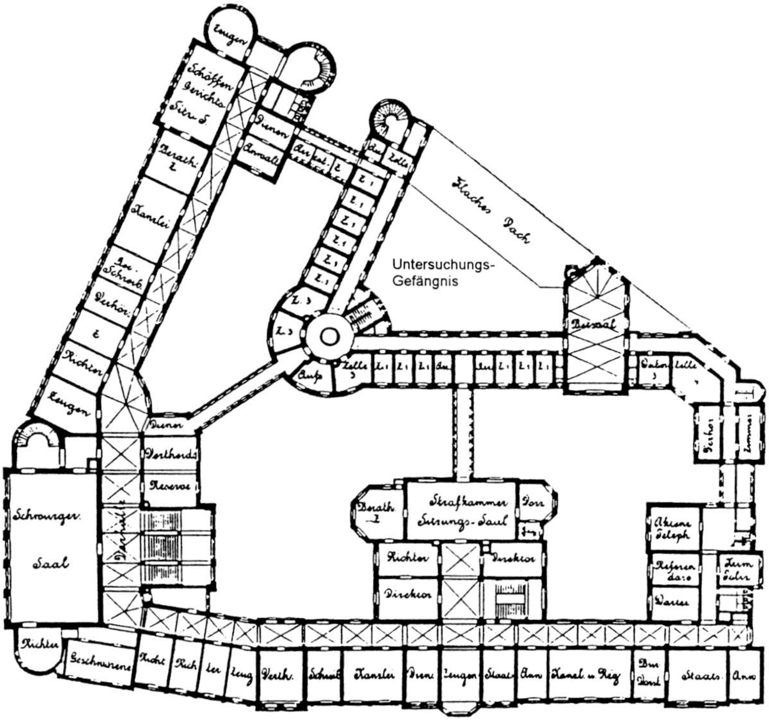

2. Obergeschoss

Gerichtshaus mit Untersuchungsgefängnis

(1. Bauabschnitt)

Ostertorstraße ein weiterer Sitzungssaal für das Amtsgericht.
Gelobt wurde, daß in das zweite Geschoß sämtliche Strafgerichte mitsamt der Staatsanwaltschaft zentral gelegt wurden.
An der Violenstraße waren das Schöffengericht, an der Domsheide der Schwurgerichtssaal, an der Ostertorstraße die Staatsanwaltschaft und daselbst zur Hofseite der Strafkammersaal vorgesehen. Die ganze Konzeption ließ eine äußerst klare Gliederung erkennen, die sich nach dem Betrieb des Gerichtswesens zu richten schien. Das mag die Kommission, die auch Gerichtspersonen zu Rate zog, u. a. so beeindruckt haben, daß die Architekten Klingenberg und Weber bei der Vergabe des Bauwerks als Gewinner hervorgingen.
Hervorzuheben ist, daß die Vorführung der Gefangenen aus der damaligen Haftanstalt zu den Sitzungssälen der Strafgerichte und zu Vernehmungen durch brückenartige Gänge in zweckmäßiger Weise erleichtert wurde. Nach dem Umbau der Haftanstalt in ein Dienstgebäude der Staatsanwaltschaft ist jetzt die Hauptbrücke als „Behördengang" zum Gericht sehr willkommen.

Innenhof um 1896

IV. Handwerkskunst

Bauarbeiten und Kosten

4.1. Gerichtsgebäude und Untersuchungsgefängnis

Das heutige Gerichtshaus wurde in zwei Bauabschnitten gebaut und umfaßte zunächst den Gefängnisbau an der Buchtstraße und den Gerichtshausbau an der Violenstraße, Domsheide und Ostertorstraße bis kurz hinter die heutige Einfahrt zur Staatsanwaltschaft.

Das Ende des ersten Bauabschnitts an der Ostertorstraße ist auf der nachstehenden Abbildung an der hervorspringenden Häuserfassade der dort noch nicht abgerissenen Bürgerhäuser und aus den Grundrißzeichnungen deutlich zu sehen.

Der erste Bauabschnitt begann im Oktober 1891 mit dem Abriß der vorhandenen Bauten und den Grundierungsarbeiten und wurde am Schluß der Gerichtsferien am 30. 9. 1895 beendet. Die Bauzeit für das Gebäude selbst dauerte von 1892–1895. Die Festansprachen zur Eröffnung des Hauses nach den Gerichtsferien hielten Senator Dr. Hermann Gröning, Bürgermeister Dr. Stephan August Lürman und Landgerichtspräsident Dr. Hermann Heinrich Meier.

Man war stolz auf das Gerichtshaus! Das Bauwerk – nicht nur ein notwendiger Zweckbau der damaligen Zeit – wurde bereits durch die vom Senat berufene Deputation auch als Selbstdarstellung hansestädtischen Wohlstandes und Wetteifer des meist örtlichen Handwerkerstandes empfunden. In Bremen, der alten Hansestadt, die bereits hochinteressante Bauwerke früherer Jahrhunderte besaß, bestand insbesondere auch bei der Bevölkerung das Bestreben, die Stadt im Sinne der Vorfahren mit würdigen Bauwerken und Kunstwerken auszuschmücken. Die Architekten selbst waren überzeugt, daß die Vermeidung der Massenfabrikate im Bauwesen ganz wesentlich zu einer Besse-

Domsheide mit dem Gerichtshaus, um 1900. Erster Bauabschnitt

rung der sozialen Verhältnisse beigetragen habe. Der Architekt Weber schrieb damals in einem Artikel über sein Gerichtshaus: „*Wenn dem tüchtigen Handwerker Gelegenheit geboten wird, seine Kunst zu zeigen, so gewinnt er dadurch Selbstgefühl, erwirbt sich Achtung und Stellung unter seinen Mitbürgern und spornt durch die ihm gewordene Anerkennung zur Nacheiferung an, während sonst die Selbsttätigkeit des Handwerkerstandes erdrückt wird.*“ Und so waren denn nicht weniger als 26 Tischlermeister und 17 Schlossermeister am Bau tätig, bis auf fünf Firmen alle aus Bremen. Drei Firmen führten die Glaserarbeiten aus, vier Firmen waren an den Steinmetzarbeiten beteiligt und sieben Bildhauer teilten sich die vielen figürlichen und ornamentalen Arbeiten, die wir in den Abschnitten VII und VIII über die Allegorien an und in dem Gerichtshaus noch näher betrachten wollen. Als Material wurden Obernkirchener Sandstein, Siegersdorfer Verblender und für die Sockel, Fensterbänke und Abdeckungen Granit (wahrscheinlich schlesischer Granit) gewählt. Das Gebäude erhielt eine Telefonanlage, Wasserleitung, elektrische Beleuchtung und eine Zentralheizungs- und Lüftungsanlage, getrennt für Gerichtshaus und Gefängnis.

Daß die zum Teil neuartigen Einrichtungen für die Benutzer erst erklärt werden mußten, zeigt der nebenstehende Abdruck einer Anweisung im damaligen Amtsdeutsch, den ich in einer ehemaligen Generalakte fand und dem sicher schmunzelnden Leser nicht vorenthalten möchte.

Der Vorgang zeigt, daß elektrische Beleuchtung, Zentralheizung, sanitäre Einrichtungen mit fließendem Wasser überwiegend noch unbekannt waren.

Die Kosten des ersten Bauabschnitts beliefen sich für das reine Bauwerk (Gericht und Gefängnis) auf rd. 2 Millionen 250 000 Mark. In Bremen wurde ab 30. 4. 1872 die Mark als neue Währungseinheit des Deutschen Reichs eingeführt (1 Mark = 21 $^{21}/_{31}$ Grote bzw. 1 Thaler Gold = 3,3214 Mark). Nach den Angaben aus der „Deutschen Bauzeitung“ vom 11. 4. 1894, S. 187, errechnen sich aus der oben genannten Bausumme folgende Massekosten: 1 qm Fläche rd. 500 Mark für das Gerichtshaus, für das Untersuchungsgefängnis rd. 400 Mark, und 1 cbm umbauter Raum für das Gerichtshausgebäude rd. 24 Mark, für das Untersuchungsgefängnis rd. 23 Mark. Dagegen spricht Baurat Weber später im Bericht der Kommission wegen des Erweiterungsbaues des Gerichtshauses vom 14. 3. 1906 von 25 Mark pro Kubikmeter umbauten Raumes für das Gerichtshaus 1. Bauabschnitt. Hinzu traten die Kosten der inneren Ausstattung beider Gebäude mit einer Beleuchtungsanlage, Mobilien, Beleuchtungskörpern, Stoffen etc. (von weiteren 39 Bremer Firmen geliefert und ausgeführt) mit rd. 334 TMark, zuzüglich der Erwerb von Grundbesitz, so daß alles zusammen 3,8 Mio. Mark gekostet hat. Für die damalige Zeit eine enorme Summe, zumal da die seit 1886 begonnene „Korrektur“ der Weser unter dem Wasserbauspezialisten Ludwig Franzius die Bürger schon als schwere Schuldenlast bedrückte und die finanzielle Unterstützung der Tochterstadt beim Ausbau des Kaiserhafens in Bremerhaven (1890) noch spürbar war! Versuche, die Kaufkraft mit heutigen Verhältnissen zu messen, sind recht problematisch. Es bleiben uns nur Vergleiche mit alten Rechnungen und Zeitungsanzeigen mit Preisangaben aus jener Zeit. Aber auch dabei ist eine einfache mathematische Hochrechnung nicht vorbehaltlos möglich. Lebensgewohnheiten und Konsumverhalten sind periodisch zu unterschiedlich. Ich überlasse es deshalb den Lesern, anhand einiger Zeitungsanzeigen aus damaliger Zeit selbst Vergleiche anzustellen: Herren-Lederhalbschuhe mit damals ca. 4,50 Mark dürften heute das 30fache teurer sein, wenn es sich nicht gerade um saisonbedingte Schlußverkaufsware handelt. Der Norddeutsche Lloyd in Bremen bot in einer Anzeige am 18. 4. 1892 die Beförderung von Passagieren mit der sog. Roland-Linie nach New York für 200 Mark („zweite Cajüte“) bzw. 120 Mark („Zwischendeck“) an. Ein Zweifamilienhaus mit zehn Zimmern in Bahnhofsnähe wurde mit 9000 bis 11 000 Mark gehandelt!

4.2. Erweiterungsbau

Die geschlossene Bebauung des gesamten Dreiecks Violenstraße mit Domsheide,

Anweisung

über den

Gebrauch der Beleuchtungs- und Heizkörper, der Ventilations-, Wasch- und Kloset-Einrichtungen

im Gerichtshause und Untersuchungsgefängnis.

A. Beleuchtung.

Es ist auf Sparsamkeit in der Benutzung der Beleuchtungskörper Bedacht zu nehmen. Insbesondere ist an Punkten, wo der Effekt eines Leuchtkörpers genügt, die Benutzung mehrerer streng zu vermeiden.

Beim Schluß der Bureaus ist alles Licht in denselben auszuschalten. An Orten, wo nur zeitweise Licht gebraucht wird, z. B. in den Klosets, ist dasselbe auszuschalten, sobald kein Bedarf mehr ist.

Beim Reinigen der Zimmer ist nur das notwendigste Licht einzuschalten und nach Vollendung der Reinigung sogleich wieder auszuschalten. Auch auf den Korridoren ist während des Reinigens mit der Beleuchtung sparsam umzugehen.

Nach Schluß der Bureauzeit ist auf den Korridoren das Licht auszuschalten. Wenn einzelne Bureaus länger benutzt werden, darf nur die unentbehrliche Beleuchtung der Korridore stattfinden.

Treten Störungen in der Funktion der Beleuchtung ein, so ist dieses umgehend beim Maschinisten anzumelden oder an der Meldetafel zu bemerken, welche sich vor dem Eingange zum Kesselhause befindet.

B. Heizung.

Der Heizkörper ist, sobald Wärme gewünscht wird, durch Aufstellen des Regulirmanteldeckels zu öffnen, und zwar bei gelinder Kälte halb, bei stärkerer Kälte ganz. Es ist darauf zu achten, daß während des Heizens kein Fenster längere Zeit geöffnet wird, um nicht unnötigen Dampfverlust herbeizuführen.

Beim Schluß der Bureaus ist dafür zu sorgen, daß kein Fenster während der Nacht offen bleibt. Geschieht dies ausnahmsweise einmal, so ist der Heizkörper vorher zu schließen. Störungen in der Funktion der Heizung sind sofort beim Maschinisten zu melden.

C. Ventilation.

Soll in ein Zimmer frische Luft eingelassen werden, so ist stets der Schieber in der Thür unten und außerdem während der Heizperiode die untere Ventilationsklappe durch Seitwärtsdrehen des Stellhebels, während der übrigen Jahreszeit aber die obere Ventilationsklappe durch Herunterziehen und Einlegen der Kette in den Halter zu öffnen. Während der Heizperiode ist die obere, während der übrigen Jahreszeit die untere Ventilationsklappe stets geschlossen zu halten.

Beim Reinigen der Zimmer können die Fenster offen gehalten werden, sind aber während der Heizperiode nach vollendeter Reinigung sofort wieder zu schließen.

D. Wascheinrichtung.

Bei Benutzung der Wascheinrichtung ist der Stöpsel in das Becken einzulegen und nur so viel Wasser einzulassen, als notwendig ist. Nach dem Gebrauch ist der Stöpsel wieder auszuheben, damit das schmutzige Wasser abfließen kann. Der Hahn ist wieder gut zuzuschrauben, damit kein Wasserverlust stattfindet.

Undichtigkeiten sind beim Maschinisten zu melden.

E. Klosetspülvorrichtung.

Nach Benutzung des Klosets ist am Handgriff der Aufzugkette so lange zu ziehen, bis sich der im Spülkasten vorhandene Wasservorrat in das Kloset entleert hat, was sich durch Einstellen des Geräusches kennzeichnet. Ein zweimaliges Aufziehen ist nicht notwendig und führt zu unnützem Wasserverbrauch.

F.

Fungirt eine elektrische Uhr nicht gehörig, so ist dem Maschinisten Anzeige zu machen.

---

18. 12. 95.

Fassaden an der Bucht- und Violenstraße, 1895

Ostertorstraße und Buchtstraße erfolgte erst im zweiten Bauabschnitt. Der Erweiterungsbau war notwendig geworden, weil die bisherigen Räume bereits wieder bald zu klein waren. Eine neue Gesetzgebung – insbesondere die Einführung des Bürgerlichen Gesetzbuches am 1. 1. 1900 – brachte erhebliche neue Gerichtsvorgänge, vor allem beim Amtsgericht. Der im Entwurf von Klingenberg und Weber allerdings schon eingeplante Erweiterungsbau wurde schließlich nach längeren Beratungen (aber offensichtlich ohne Kostenvoranschlag des Architekten) mit 550 000 Mark angenommener Bausumme genehmigt und im Jahre 1902 begonnen. Als man bereits merkte, daß die offenbar geschätzten Gelder nicht reichen würden, die man sorglos beantragt hatte, holte man schleunigst einen Kostenvoranschlag ein. Er datiert deshalb vom 14. 5. 1904, also zu einem Zeitpunkt, als die Unzuträglichkeiten, die durch einen Kostenvoranschlag eigentlich vermieden werden sollten, bereits eingetreten waren. Vermessungsfehler durch ein Mißverständnis des Architekten, zwischenzeitlich gestiegene

Blick auf den Ostturm (um 1910)

Baupreise, ungenügende Kontrolle der Baudirektion (der Leiter hatte inzwischen gewechselt) gegenüber der Hochbauverwaltung, unzulässige Abweichung von den Plänen und sogar Überschreitung der Baulinien führten zu einer Verteuerung, wie es insbesondere bei Staatsbauten nicht nur zur damaligen Zeit üblich zu sein scheint - die Argumente decken sich nahezu vollkommen bei der zirka 100 Jahre späteren Nachbewilligung der Mittel anläßlich des Umbaues des Gefängnisses -. Als der Anbau im Jahre 1906 fertiggestellt war, kostete er mit 1 Million 114 868 Mark mehr als das Doppelte, was die Einsetzung einer „Kommission wegen des Erweiterungsbaues des Gerichtshauses" zur Folge hatte. Sie sollte prüfen, wieso trotz der Einsparungen gegenüber den Entwürfen (z. B. Holzdielenfußboden statt Eichenparkett) eine derartige Verteuerung eingetreten war und wie man sich künftig vor solchen Überraschungen schützen könnte. Der Bericht der Kommission, in dem auch der Architekt Klingenberg wegen angeblich falscher Berechnungen und unerlaubter Bauausführung selbst für von ihm verursachte Kosten in Anspruch genommen werden sollte, stammt vom 14. 3. 1906. Architekt Weber, der mit Klingenberg den ersten Bauabschnitt gemeinsam ausgeführt hatte, war schon vorher aus der freien Wirtschaft in den bremischen Staatsdienst übergewechselt, beteiligte sich aber ebenfalls bei diesem von ihm vorgeplanten zweiten Bauabschnitt. Schließlich wurde das fehlende Geld bewilligt, obwohl der Architekt Klingenberg zugegeben hatte, „*daß an einzelnen Punkten die Ausgestaltung reicher als wie vorgesehen geschehen sei*".

Der moderne Übergang zum Neubau des Amtsgerichts

V. Brückenschlag

Verbindung „Altes Gerichtshaus“/Neubau Amtsgericht

Das Gerichtshaus aus den Jahren 1892/95 und dessen Erweiterung wurden für eine Stadt von damals 200 000 Einwohnern gebaut. 1960 hatte sich die Einwohnerzahl bereits auf 550 000 erhöht. Die damit verbundene Zunahme der gerichtlichen Verfahren hatte einen Neubau für das Amtsgericht zur Folge. Er wurde auf der gegenüberliegenden Seite an der Ostertorstraße in den Jahren 1960–1962 gebaut. Die Abteilungen des Grundbuchamts und der Zwangsversteigerung blieben zu dieser Zeit jedoch im alten Haus. Seit diesem Zeitpunkt wird das hier besprochene Gerichtshaus volkstümlich auch als „Altes Gerichtshaus“ bezeichnet. Dem ersten Bauabschnitt des Amtsgerichts folgte ein angrenzender zweiter Bauabschnitt, der am 1. 9. 1975 dem Justizressort übergeben wurde. Schon in der Planungsphase wurde eine direkte Verbindung zwischen Neubau und Altem Gerichtshaus in Form einer Brücke gefordert. Leider ist der gläserne Übergang ein Brücken-„Schlag“ besonderer Art geworden. Gegenüber den gewölbten Brücken des Alten Gerichtshauses wirkt der eckige Klotz über drei Etagen unverhältnismäßig wuchtig. Vor allem ist darauf hinzuweisen, daß die ursprünglich gewollte Betonung der Ostertorstraße als Querachse Innenstadt/Steintor durch diesen am 8. 3. 1974 eingehängten Verbindungstrakt trotz seiner Glaselemente unterlaufen wird. Die starke Querverbindung über die Straße wirkt optisch wie eine Sperre. Anlaß für diese gewaltige Konstruktion waren eigentlich im Übergang geplante, zusätzliche Büroräume. Durch den Widerstand des Stadtteilbeirats Mitte kam diese Idee aber nicht zur Ausführung. Als Ersatz für die auf der Brücke weggefallenen Büroräume erhielt der Neubau dafür eine Aufstockung (7. Etage). Anderenfalls wäre die Brücke über die Straße noch wuchtiger ausgefallen. Leider haben Architekt und Bauamt aber nicht dem Wunsch des offenbar sehr sachkundigen Stadtteilbeirates entsprochen, eine nur eingeschossige Brücke zu bauen.

Da die Etagenhöhen des neuen Amtsgerichts nicht denen des Gerichtshauses entsprechen, wurden nicht im Neubau (was eigentlich näher gelegen hätte), sondern im Alten Gerichtshaus auf Kosten von Büroräumen und unter Zerstörung der alten Fassade mehrere Zugangstreppen geschaffen. Da nur die mittlere Etage ohne Treppen für den Aktentransport genutzt werden kann und deshalb bequemer ist, sind oberer und unterer Übergang organisatorisch gesehen bedeutungslos. Spötter erinnern sich an dieser Stelle an die zu vielen „Beamtenlaufbahnen“.

VI. Buchstabenwechsel

Vom UG zur StA

6.1. Das Untersuchungsgefängnis

Den Anforderungen der Ausschreibung des Senats entsprechend wurde das Untersuchungsgefängnis bei seiner Erbauung 1892–1894 vom Gerichtsgebäude baulich vollständig getrennt. Durch vier Brückenbögen war dennoch die Überführung der Gefangenen in das Gerichtshaus und in die unmittelbar an der Brücke oder in unmittelbarer Nähe gelegenen Gerichtssäle des Schöffengerichts, Schwurgerichts, der Strafkammer sowie zum Untersuchungsrichter möglich. Die Höhenlagen der Geschosse im Gerichtsgebäude und im Gefängnis wurden so gewählt, daß der Fußboden des zweiten Obergeschosses des Gerichtshauses mit dem Fußboden des dritten Obergeschosses vom Gefängnis in gleicher Höhe liegt. Der Eingang zum Gefängnis erfolgte über eine Durchfahrt von der Ostertorstraße in den Innenhof des Gerichtshauses, der durch starke Gitter bis zu den gemauerten Bögen verschlossen war. Über der Eingangshalle des Untersuchungsgefängnisses befand sich ein zweistöckiger Betsaal, dessen Rosettenfenster noch heute den Eingangsbereich bestimmt. Das Portal endet in einem kleinen gemauerten Türmchen mit Glocke. Auf der einen Seite dieses Mittelbaues befand sich die „Männer-Abtheilung“, auf der anderen die „Weiber-Abtheilung“. Innerhalb der Zellenflügel waren für die Männer und Frauen getrennt jeweils ein kleiner Spazierhof, der durch die nach Osten in niedrigerer Bauausführung gehaltene Anstaltsküche und Anstaltsleiterwohnung ausreichend Sonnenlicht erhielt. Die im Programm verlangte Anzahl der Zellen war reichlich vorhanden, und die Ausführung entsprach vollkommen den schon in der Ausschreibung genannten Anforderungen.

Die Kommunikation mit den benachbarten Zellen wurde in der Ausführung dadurch erschwert, daß zwischen die dicken Trennwände Torfmull-Schichten verbaut wurden. Das war übrigens eine Überraschung für die späteren Abbrucharbeiten bei der Vergrößerung der Räume für das Verwaltungsgebäude der Staatsanwaltschaft! Ursprünglich war sogar vorgeschlagen worden, *„die Trennungswände zwischen je zwei Zellen als Doppelwände, deren Zwischenraum mit gedörrtem Sande ausgefüllt wird, auszuführen, wodurch jegliche Verständigung der benachbarten Gefangenen vermieden, sowie ein Durchlochen dieser Wände durch das Herauslaufen großer Sandmassen sofort verraten würde“*. Aber auch die dazu beigefügte Zeichnung zur Durchführung dieser Empfehlung des Oberbaudirektors Franzius konnte die Bauleitung wohl aus statischen Gründen nicht überzeugen. Die „soziale“ Anteilnahme der damaligen Baudeputation wird deutlich, wenn erwähnt wurde: *„Sämtliche Zellenfenster liegen gesund an den weiträumigen Binnenhöfen, ein Gegenüberliegen von Zellen ist streng gemieden, auch befinden sich durch die getroffene Anordnung sämtliche Zellenfenster unter einer ununterbrochenen Aufsicht des im Gerichtsgebäude sich aufhaltenden Dienstpersonals“*. Die spätere Praxis hat gezeigt, daß es sich zumindest um ein sicheres Gefängnis gehandelt hat, wenn auch – bis auf eine Ausnahme – keine vermutlichen terroristischen Gewaltverbrecher für längere Zeit hier inhaftiert waren. Später wurden Schlösser, Gitter, Sichtblenden und nachts Scheinwerfer sowie eine sog. Beruhigungszelle im Keller einer laufenden Erneuerung unterzogen und entsprachen in sicherheitstechnischer Sicht dem aktuellen Standard. In früheren Zeiten mag das Gefängnis mit seiner sanitären Einrichtung (fließendes Wasser und WC in jeder Zelle) modern gewesen sein – der Verfasser kennt Untersuchungsgefängnisse, in denen bis 1966 noch das Kübelsystem mit nur einem Wasseranschluß in

Auszug aus der „Sammelmappe Hervorragender Concurrenz-Entwürfe“

Zimmer No.	Anzahl und Bezeichnung der Raeume	Groesse der Raeume qm	Bemerkungen
	Untersuchungs-Gefaengniss.		
1	1 Bureauzimmer	—	Im Erdgeschoss belegen, derart, dass der Eingang und die Spazierhoefe uebersehen werden koennen.
2	1 Visitationszimmer	—	Vom Bureau zugaenglich.
3	1 Zimmer fuer den Geistlichen und den Arzt	—	Nicht zu fern vom Bureau gelegen.
4	1 Betsaal	—	Genuegend fuer 100—120 Personen, getrennte Zugaenge fuer die maennlichen und weiblichen Gefangenen.
5	1 Pfoertnerzimmer	—	Neben dem Eingange belegen.
6	1 Kueche	—	Die Raeume 6—9 sind eventuell im Untergeschoss in thunlichster Naehe des Bureaus anzulegen.
7	1 Speisekammer	—	
8	1 Vorrathskeller	—	
9	1 Kartoffelkeller	—	
	Maenner-Abtheilung.		
10	70 Zellen fuer je eine Person, Luftraum mindestens	22 cbm	
11	15 „ „ „ zwei „ „ „	32 cbm	2 dieser Zellen sind, um als Krankenzellen dienen zu koennen, mit der Fensterfront nach Sueden oder Osten zu legen.
12	1 Dunkelarrest	—	Eventuell im Untergeschoss.
13	2 Vorarrestzimmer	—	
14	5 Wohnungen fuer Aufseher	—	In den verschiedenen Geschossen vertheilt. Wohnzimmer mit Schlafraum bezw. groesseres Wohnzimmer, zugleich als Schlafzimmer dienend.
15	1 Badezelle	—	Im Untergeschoss zur Aufstellung von 2—3 Wannen geeignet.
16	1 Raum zur Aufbewahrung unreiner Kleidungsstuecke	—	Event. im Untergeschoss.
17	1 Spazierhof	—	
18	1 Raum fuer den Desinfectionsapparat	—	Im Untergeschoss.
19	1 Waeschedepot	—	Desgl.
	Weiber-Abtheilung.		
20	9 Zellen fuer je eine Person, Luftraum mindestens je	22 cbm	
21	8 „ „ „ zwei „ „ „ „	32 cbm	
22	1 Dunkelarrest	—	Event. im Untergeschoss.
23	1 Wohnung der Aufseherin	—	Am Zugange der Weiberabtheilung belegen, Wohnzimmer mit Schlafraum, bezw. groesseres Wohnzimmer, zugleich als Schlafzimmer dienend.
24	1 Badezelle	—	Die Raeume No. 24—28 sind im Untergeschoss der Weiberabtheilung in zweckmaessiger Lage zu einander unterzubringen.
25	1 Waeschedepot	—	
26	1 Waschkueche	—	
27	1 Raum zum Zeugrollen	—	
28	1 „ fuer den Trockenapparat	—	
29	1 Spazierhof	—	
30	Wohnung des verheiratheten Aufsichtsbeamten; bestehend in 2 Wohn- und 2 Schlafzimmern, Kueche, Vorrathsraeumen	—	Moeglichst isolirt belegen, damit ein Verkehr der Familienmitglieder in dem Gefaengniss vermieden wird.
31	Aborte	—	Zweckmaessig in den verschiedenen Geschossen und Abtheilungen vertheilt.
32	Spuelraeume	—	In jedem Geschoss und jeder Abtheilung mindestens ein Raum mit 2 Ausgussbecken.
33	Heizungen	—	Fuer die Heizungen (Wasser- oder Dampfheizungen) und die Brennmateriallager sind im Untergeschoss entsprechende Raeume zu disponiren.
34	Brennmateriallager	—	

Das Gefaengniss ist derart anzuordnen, dass eine moeglichste Trennung, sowohl von dem Gerichtsgebaeude, als auch von den benachbarten Grundstuecken stattfindet; sowie dass eine Vergroesserung desselben moeglich ist. Ferner ist darauf Bedacht zu nehmen, dass eine Kommunikation zwischen Spazierhoefen und Zellenfenstern ausgeschlossen ist.

Unter keinen Umstaenden darf das Gefaengniss an die Osterthorstrasse, die Domshaide oder die Violenstrasse gelegt werden.

Die Gefaengnissraeume muessen so belegen sein, dass eine Kommunikation mit den benachbarten Grundstuecken ausgeschlossen ist, und ebenso ein Verkehr und eine Verstaendigung der Gefangenen verschiedener Zellen unter einander.

BREMEN, den 9. October 1889.

Die Deputation wegen Erbauung des Gerichtshauses.

HERMANN GROENING.

Zellengang im ehemaligen Untersuchungsgefängnis

jeder Etage an der Tagesordnung war –, jedoch häuften sich zunehmend Klagen über die „mittelalterliche" Ausstattung des Untersuchungsgefängnisses an der Ostertorstraße in Bremen.
Die Kriminalpolitik hat aber in den letzten Jahren auch im Lande Bremen neben der justizinternen Arbeit der Sozialen Dienste zu einer Stärkung der Freien Träger der Straffälligenhilfe geführt. Fachbereiche zur sog. Haftvermeidung und Drogenberatung nehmen jetzt unmittelbar nach der Festnahme Kontakt zu den Inhaftierten auf, um beispielsweise über den sozialpsychiatrischen Dienst des Gesundheitsamtes dem Haftrichter ein möglichst abgestimmtes sozialpädagogisches Angebot unterbreiten zu können, das einerseits eine Entlassung aus der U-Haft ermöglicht und andererseits die soziale Situation des Betroffenen bis zur Hauptverhandlung und darüber hinaus stabilisieren soll. Leider ist das nicht für alle Tatverdächtigen anwendbar. So ist trotz einer spürbaren Reduzierung der Hafttage die Bereitstellung einer Untersuchungshaftanstalt für die Durchführung der Rechtspflege weiterhin notwendig. Zwingende Personal- und Kostengründe haben aber dennoch am 31. 1. 1987 zu einer Schließung der Untersuchungshaftanstalt (wie sie sich zuletzt nannte) und zu einer Verlegung der Vollzugseinrichtung auf das Gelände der Justizvollzugsanstalten in Bremen-Oslebshausen geführt.

6.2. Umbau zum Verwaltungsgebäude der Staatsanwaltschaft

Als im Februar 1987 das Gebäude des früheren Untersuchungsgefängnisses plötzlich leer stand, war überhaupt noch nicht klar, was aus dem Gebäudekomplex werden sollte. Es wurde zunächst vom Senator für Finanzen eine Arbeitsgruppe einberufen, die untersuchen sollte, ob eine Verlegung des Polizeigewahrsams aus der sog. Ostertorwache in das leer stehende Gebäude vorgenommen werden könnte. Der Verfasser vertrat in diesem Gremium die Justizinteressen. Die Umbaukosten für ein den heutigen Anforderungen entsprechendes Polizeigewahrsam waren aber nach den damaligen Vorstellungen so hoch, daß der Finanzsenator abwinkte. Heute ist auch die Polizeiverwaltung darüber sicher nicht unglücklich, weil inzwischen Pläne bestehen, die in der Stadt verteilten Polizeibehörden und die Haftzellen aus der alten Ostertorwache in die inzwischen frei gewordene Lettow-Vorbeck-Kaserne in der Vahrer Straße zu verlegen. Sehr interessiert zeigte sich auch ein inzwischen gegründeter Verein zur Einrichtung eines „Gefängnis-Museums", der jedoch die laufenden Kosten mit der beabsichtigten Einrichtung eines Cafés wohl kaum hätte aufbringen können. Auch das Übersee-Museum zeigte wegen der Unterbringung zahlreicher Exponate aus den überfüllten Magazinen Interesse.
Die Prüfaufträge der diversen Vorschläge hatten schon über ein Jahr verstreichen lassen. Der Bau selbst war dringend sanierungsbedürftig. Es wurden nur noch wenige Vorführzellen und zwei Etagen im Seitenflügel als Lagerstätte für Beweisstücke der Staatsanwaltschaft genutzt. So konnte sich die im Hause des Justizsenators verfolgte

Ansichten vom ehemaligen Untersuchungsgefängnis

Idee der zentralen Unterbringung der Staatsanwaltschaft, die auf vier verschiedene Gebäude verteilt war, mehr und mehr durchsetzen. Der in der Nähe der Gerichte gelegene günstige Standort und die Erleichterung der Organisation bei einer einheitlichen Unterbringung der Staatsanwaltschaft waren auch für den damaligen Senator für Justiz und Verfassung, Volker Kröning, viel zu interessante Aspekte, als daß er einen Teil dieses Gebäudekomplexes aus seinem Ressort abgeben wollte. Die erwarteten Vorteile haben sich später – wie wir noch sehen werden – völlig bestätigt. Da sich das Terrain bekanntlich auf einer ehemaligen Düne (+ 10,95 ü. NN) befindet, spricht man beim Gebäudekomplex altes und neues Gerichtshaus sowie Staatsanwaltschaft inzwischen von der sog. Gerichtsdüne.

6.2.1. Planung und Kostenschätzung

Da Bremen sich inzwischen anderweitig mit Investormodellen angefreundet hatte, wurde zunächst auch ein solches dem Finanzsenator angedient. Zu dieser Zeit wurde aber gerade ein bremisches „Behördenraumkonzept“ aufgestellt. Der Vorschlag zur Unterbringung der Staatsanwaltschaft in dem umgebauten Gefängnis überzeugte sehr bald. Mieteinsparungen und ohnehin notwendige Sanierungskosten (das Gebäude steht unter Denkmalschutz) waren u. a. Argumente, die auch den Haushaltsausschuß bewogen, zunächst 200 TDM für einen Planungsauftrag zu bewilligen. Nach Prüfung der am 29. 8. 1990 aufgestellten Kostenberechnung des Hochbauamts wurde am 17. 12. 1990 die Ermächtigung erteilt, „Verpflichtungen durch Erteilung von Aufträgen im Volumen von (weiteren) 10 Mio. 324 TDM“ aus Landesmitteln einzugehen.

6.2.2. Umbau unter denkmalpflegerischen Gesichtspunkten

Nach den notwendigen Vorarbeiten (behördliche Genehmigungen, Beteiligung des Beirats Mitte, Entrümpelung, Kernbohrungen, Ausschreibungen und Vergabe) konnte der Umbau offiziell am 7. 10. 1991 unter der Leitung des Architekten Dipl.-Ing. Kurt Schmidt nach dem mit der Staatsanwaltschaft gemeinsam entwickelten Raumprogramm begonnen werden.
Der Umbau ist über den Innenhof des Gerichtshauses für die Öffentlichkeit meist unbemerkt durchgeführt worden. Lediglich der über den Gebäudekomplex herausragende Baukran und das an der Einfahrt zur ehemaligen Haftanstalt aufgestellte Bauschild an der Ostertorstraße ließen erkennen, daß hier eines der umfangreichsten und bedeutendsten Bauvorhaben des Justizressorts in diesen Jahren durchgeführt wurde.

Teilweise Entfernung der Zellenwände

Vergrößerung der Fenster

Um das vorhandene Gefängnis in ein Verwaltungsgebäude umzubauen, bedurfte es erheblicher Eingriffe in die Bausubstanz: Zwischenwände wurden abgebrochen, und die vorhandenen Gewölbedecken mußten mit aufwendigen Stahlkonstruktionen abgefangen werden. Aus bis dahin etwa 8 qm großen Zellen wurden 16 bzw. 24 qm große Verwaltungsräume geschaffen. Da die zur Verfügung stehenden Raumflächen nicht ausreichten, wurde der ehemalige Gefängnisinnenhof bis in das zweite Geschoß mit einer Stahlkonstruktion aus Glas- und begrünten Dachflächen zweigeschossig ausgebaut. Außerdem erfolgte eine Aufstockung um ein Geschoß zwischen den Türmen und dem Kirchenschiff durch eine leichte Stahl-Glas-Konstruktion. Der Kellerbereich wurde über den ganzen Komplex zur Aufnahme der umfangreichen Beweismittel von Staatsanwaltschaft und Kriminalpolizei erweitert. Die Vergrößerung der vorher hochliegenden Zellenfenster bis auf eine Brüstungshöhe von ca. 1 m und das „Abbrennen" der dunklen Vergitterung sorgten für eine erheblich bessere Belichtung der Bürotrakte.

Teilweise wurde ein blendfreier Sonnenschutz installiert. Neben den baulichen Maßnahmen wurden umfangreiche technische Neuerungen erforderlich, wie der Einbau eines behindertengerechten Personenaufzuges sowie eines zusätzlichen Aktenaufzuges. Die sanitären Installationen sowie die Elektro-, Fernmelde- und Datentechnik wurden komplett entsprechend den heutigen Anforderungen angepaßt. Das Heizungssystem wurde erneuert und wie zuletzt an die zentrale Heizungsanlage des neuen Amtsgerichts wieder angeschlossen.

Alle wesentlichen baulichen Maßnahmen wurden mit dem Landesamt für Denkmalpflege abgestimmt. Somit wurde sichergestellt, daß das aus dem Ende des letzten Jahrhunderts stammende Bauwerk in seinem äußeren und inneren Erscheinungsbild trotz der notwendigen Modernisierung erhalten geblieben ist. Sogar im letzten Krieg veränderte bauliche Zutaten im Bereich der Eingangshalle und im Betsaal wurden ebenso entfernt wie die zu „RAF-Zeiten" errichtete

Eingerüstete Baustelle, Ansicht Innenhof

Aufstockung

Schleuse und das wuchtige Rolltor. Dagegen sind das ursprüngliche Gangsystem und die Treppenhäuser unverändert geblieben. Architekt, Denkmalpfleger und Justizverwaltung befanden sich laufend in einem Kompromiß zwischen denkmalpflegerischer Werterhaltung und Funktionsfähigkeit. Selbst ehemalige Gefängnisbeschriftungen wurden erhalten. So findet man in der Staatsanwaltschaft noch den Hinweis auf die „Männer-Abtheilung“ ebenso wie den auf die sprachlich inzwischen angepaßte „Frauen-Abtheilung“. Versinnbildlicht wird dieses Bemühen auch durch das Eingangsschild über dem Haupteingang: Da man dem Personal der Staatsanwaltschaft nicht zumuten wollte, täglich in ein Gebäude zu gehen, das die Aufschrift „Untersuchungs-Gefängnis“ trägt, wurde mit Abstandhaltern eine sandgestrahlte Glasplatte mit der Aufschrift „Staatsanwaltschaft“ montiert. So kann der interessierte Besucher immer noch den Ursprung des Bauwerks hinter der Platte erkennen.

Wenn auch manch baulicher Kompromiß eingegangen werden mußte, den man bei einem Neubau nicht geduldet hätte, überwiegen die erwarteten Vorteile. Neben dem Standortvorteil mitten in der Stadt neben den Gerichtsgebäuden gehört dazu auch die individuelle Atmosphäre, die mit diesem Bau mit Tonnengewölbe und Geschichte verbunden ist. So hat der Umbau sogar zu einer Anerkennung durch den Berufsverband der Architekten, Bauherren und Baumeister geführt, die anläßlich der sechsten Preisverleihung für herausragende Architektur im Land Bremen am 10. 11. 1994 ausgesprochen wurde (Weser-Kurier, 7. 12. 1994, „Baudenkmal behutsam saniert“). Auch eine inzwischen vorgenommene Organisationsuntersuchung der Staatsanwaltschaft im Rahmen der Strukturanalyse der Rechtspflege durch eine Unternehmensberatungsgesellschaft hat lobende Worte über die Neugestaltung und Funktion dieses Gebäudes gefunden.

Am Südwestende des Gebäudes, nahe der Buchtstraße, ist ein Teilbereich über drei Ge-

Eingang zur Staatsanwaltschaft, Ostertorstraße 10

STAATSANWALTSCHAFT

Büroraum in der ehemaligen Kapelle

Innenansicht Staatsanwaltschaft

schosse mit einem Treppenhaus vorläufig noch der bisherigen Nutzung – allerdings völlig renoviert – verblieben. Es handelt sich um die sogenannten „Terminer". Das sind Gefangene, die auf ihre Gerichtsverhandlung warten und zu diesem Zweck mehrere Stunden untergebracht werden müssen. Dieser Teil ist von dem übrigen Verwaltungsgebäude abgeschlossen, hat einen eigenen, gesicherten Zugang und wird von der Vollzugsanstalt Oslebshausen – Abteilung U-Haft – versorgt. Eine vorhandene Brücke verbindet diesen Teil mit dem Gerichtsgebäude über eine Schleuse.

6.2.3. Pannen und Kostensteigerungen

Wie meist bei solchen Bauvorhaben blieben Überraschungen nicht aus. Es stellte sich (glücklicherweise) vor den entscheidenden Abrißarbeiten heraus, daß der Statiker offenbar die Schubwirkung der vier Bogenbrücken zum Gerichtshaus nicht ausreichend berücksichtigt hatte, was möglicherweise den Einsturz der Brücken beim Abriß der Zellenwände zur Folge gehabt hätte. Um dieses zu vermeiden, war nicht nur eine veränderte Statik, sondern auch eine neue Raumaufteilung erforderlich geworden. Dadurch wurde der Zeitplan durcheinandergeworfen. Die Fußböden der einzelnen Zellen stellten sich nachträglich als nicht niveaugleich heraus, so daß der ganze Holzfußboden entgegen der ursprünglichen Planung nicht verwendet werden konnte. Angeblich zu dick aufgetragener Estrich verlängerte die Trockenzeiten und damit erneut den Einzugstermin. Inzwischen war die Mehrwertsteuer erhöht worden, was die noch nicht vergebenen Arbeiten verteuerte. Neue behördliche Auflagen, die Notwendigkeit einer Vernetzung des ganzen Gebäudes für die inzwischen vorgesehene elektronische Datenverarbeitung, Preissteigerungen und noch manche nicht eingeplanten Pannen und Turbulenzen führten zu einer zeitlichen Verzögerung und finanziellen Mehrbelastung. Da zur Zeit der Drucklegung dieses Buches noch nicht alle gerichtlichen und versicherungsrechtlichen Prozesse, die das Hochbauamt – inzwischen als Eigenbetrieb – führt, abgeschlossen sind, steht die Endabrechnung immer noch nicht fest. Sie dürfte sich aber gegenüber der ursprünglichen Bewilligung und einer schon im Herbst 1992 notwendig gewordenen Nachbewilligung über 3 Mio. 136 TDM um weitere 500–600 TDM erhöhen. Das wäre eine Bausumme von insges. ca. 14,2 Mio. DM. Wenn man die Ausführungen wegen der finanziellen Querelen um den Erweiterungsbau des Gerichtshauses im Jahre 1906 in diesem Buch nachliest, ist die finanzielle Überraschung doch eigentlich nichts Neues im Bauwesen! Dafür stehen die Flächenmaße aber immer noch in einem angemessenen Verhältnis zur Bausumme: Nettogrundrißfläche (NF) ca. 4550 qm, Bruttogrundrißfläche (BGF) ca. 7000 qm, Bruttorauminhalt (BRI) 25 600 cbm und eine Hauptnutzfläche (HNF) von 2750 qm.

Nachdem die Beweisstückstelle im Kellerbereich schon Einzug gehalten hatte und einen Wasserschaden durch das noch offene Glasdach im Innenhof ertragen mußte, erfolgte die offizielle Bauübergabe durch die Baubehörde an das Justizressort. Der Vorgang verlief vielleicht etwas hanseatisch kühl, per Vordruck und wiederum später als geplant, im Dezember 1993.

STAATSANWALTSCHAFT BREMEN IN NEUEN RÄUMEN

Eröffnungsfeier mit einer Ausstellung von Philipp Heinisch

6.2.4. Eröffnung

Um so feierlicher war die Eröffnung im Justizressort, verbunden mit einer Gemäldeausstellung im Foyer des neuen Dienstgebäudes.

Nach einem generalstabmäßig geplanten Umzug der einzelnen staatsanwaltschaftlichen Abteilungen konnte Justizsenator Dr. Henning Scherf als Bauherr und Amtsnachfolger von Volker Kröning (zu dem Zeitpunkt Finanzsenator) das auch von ihm mit Nachdruck begleitete Verwaltungsgebäude dem Leiter der Staatsanwaltschaft am 3. 3. 1994 feierlich übergeben. Zu der Einweihungsfeier waren Gerichtspräsidenten, Richter, Rechtsanwälte, Abgeordnete, Deputierte und die Angehörigen der Staatsanwaltschaft sowie Vertreter der Baubehörde erschienen. Eingeladen war auch ein Ensemble junger Musiker, das durch den Vortrag klassischer Musik von der Empore in der Eingangshalle zu einem würdigen Rahmen beitrug. Während der Feierstunde, in der nach Senator Dr. Scherf der neue Hausherr und Behördenleiter, Leitender Oberstaatsanwalt Frischmuth, der Architekt Schmidt und Leitender Oberstaatsanwalt Neumann aus der Patenstadt Rostock die Ansprachen hielten, wurde die kleine Glocke im Turm der ehemaligen Anstaltskapelle geläutet, die seit der Schließung des Hauses 1987 geschwiegen hatte und nun die Öffentlichkeit hörbar auf die neue Nutzung, wenn auch in anderer Form als früher, hinweisen sollte. Die örtliche Presse bemerkte das Ereignis mit den süffisanten Überschriften „Staatsanwaltschaft sitzt jetzt hinter Gittern“ (Kreiszeitung Syke) oder, noch drastischer, „Staatsanwälte im Knast“ (Nordseezeitung Bremerhaven, die ausführte: „Die Staatsanwaltschaft in der Stadt Bremen ist jetzt dort eingezogen, wohin sie lange Zeit ihre Kundschaft befördert hat – in den Knast.“). Wie es sich für einen erfahrenen Politiker gehört, ahnte der Senator derlei

Anspielungen und hob in seiner Rede hervor, daß sich ein kriminalpolitisches Konzept dahinter aber nicht verberge. Parallelen zu dem Leitsatz „Schwerter zu Pflugscharen“ gebe es demnach nicht. Strafvollzug werde nicht allein dadurch überflüssig, daß die Staatsanwälte und ihre Verwaltung nunmehr in ehemaligen Zellen Dienst täten. Er mochte jedoch nicht ausschließen, daß das neue Ambiente bei den Anklägern doch etwas bewirken könnte: „Wenn man einen Staatsanwalt in eine Zelle sperrt und der versucht, die zu begrünen, kann man sich allerhand vorstellen ...“

VII. Drachen und Löwen

Allegorien und Handwerkskunst am Gerichtshaus

Die große Überraschung für den Verfasser sind die Entdeckungen und Erkenntnisse über die zahlreichen Allegorien und sauber ausgeführten handwerklichen Arbeiten am und im Gerichtshaus. Gerade unter diesem Aspekt ist das Gerichtshaus in Bremen zu wenig be- und geachtet worden. Im Vorwort zur ersten Auflage dieses Buches wurde bereits auf die mutmaßlichen Gründe hingewiesen. Neben der Erwähnung des Gerichtshauses durch Prof. Herbert Schwarzwälder und Rolf Gramatzki meinte aber schon die „Deutsche Bauzeitung“ in ihrer 28. Nummer am 4. 4. 1896, Seite 174: „*Dieser abwechslungsreichen, höchst malerischen Kette von Bauwerken reiht sich nun das neue Gerichtsgebäude in wirkungsvoller und würdiger Weise an.*“ Und auf Seite 175: „*Neben dem abwechslungsvollen, aus der Struktur herausquellenden Formenreichthum im einzelnen fällt bei näherer Betrachtung die Fülle der sinnreichen und glücklichen Symbolik auf, mit der der bildnerische und ornamentale Schmuck durchflochten ist. Auf diesem gefährlichen und klippenreichen Gebiete haben sich die Künstler fast durchgängig mit Geist und Glück bewegt. Sie sind weder an den Klippen der Allegorie gescheitert, noch auf den Sandbänken der Banalität zum Festsitzen gekommen. Mit flottem Humor, bitterem Sarkasmus und drohendem Ernst sprechen rings um das Gebäude zu uns die Masken, Köpfe, Thier- und Menschenbilder, Pflanzenformen und Inschriften ihre eindringliche Sprache im Lapidarstil.*“

7.1. Widmung

Der burgartige, wuchtig ausgeführte Bau selbst sollte schon durch seine Erscheinung Sicherheit, Schutz und notfalls Stärke symbolisieren. Manchem kritischen Leser heute mag die demonstrative Stärke der Justiz unpassend vorkommen. In der Tat kann man nachdenklich werden, wenn insbesondere

Trutz- und Schutzburg

Eingang Gerichtshaus

an die nationalsozialistische Zeit gedacht wird, die auch diesem Haus zahlreiche unrühmliche Vorfälle nicht erspart hat. Der damalige - rechtswillige - Bürger empfand offenbar mehr als wir heute noch aufrichtige Hoffnung durch Rechtsprechung auf Rechtsfrieden.
Die Widmung am Erker an der Ostertorstraße spiegelt diese Hoffnung wider:

Dies Haus ist erbauet
Dem Rechte zum Schutz
Dem Boesen zum Trutz
1892 - 1895

7.2. Hauptportal Domsheide

Unseren Erkundungsgang um das Gerichtshaus wollen wir an der Hauptfront – der Domsheide – beginnen.
Uns fallen zunächst in der Höhe des 1. Geschosses sicher die überlebensgroßen Standbilder von sechs Männern mit ihren Wappen auf. Die dargestellten Personen haben sich um das deutsche und bremische Rechtswesen verdient gemacht. Die Reihe beginnt (links vom Betrachter) mit Kaiser Otto dem Großen (936–973), der der Stadt (direkt dem Erzbischof Adaldag im Jahre 965) das Marktrecht verliehen hat. Die Reihe endet rechts bei Kaiser Wilhelm I. († 1888) als Träger des deutschen Handels- und Strafrechts. Er war 1867 Präsident des Norddeutschen Bundes und erst 21 Jahre vor Baubeginn – 18. 1. 1871 – in Versailles zum deutschen Kaiser proklamiert worden. Die beiden Figuren rahmen die Standbilder von vier ehemaligen Bürgermeistern ein. Es handelt sich um Daniel von Büren, Heinrich Krefting, Heinrich Meyer und Johann Smidt. Diese vier Bremer waren maßgeblich an dem Ausbau und der Zusammenfassung des hansestädtischen und stadtbremischen Rechts beteiligt. Die Namen der Personen und deren Wappen sind in den Sockeln darunter und über den Eingangssäulen erkennbar.
Unübersehbar enthalten die Bögen der im 1. Geschoß liegenden Fenster Kindergruppen in starkem Relief. Darüber befindet sich jeweils ein sog. Schlußstein, welcher ein menschliches Gesicht mit einer bestimmten Ausdrucksform darstellt.
Diese fünf Felder erzählen eine Episode:

Das erste Feld symbolisiert das Spiel – der Schlußstein soll Freude ausdrücken

Das zweite Feld stellt Zank und Totschlag dar (totes Kind liegt auf der Erde, offenbar mit einem Knüppel erschlagen) – mit dem Schlußstein: Schreck

Das dritte Feld zeigt die Verhaftung (abgeführtes Kind, es folgt ein Wachhund) – Schlußstein: Schmerz

Das vierte Feld läßt den Urteilsspruch erkennen (Richterstuhl, dahinter „Brechen des Stabes“ als Zeichen des Bruchs der Rechtsgemeinschaft) – Schlußstein: Trauer (bedecktes Haupt)

Das fünfte Feld ist als Nachgericht mit Richtszene zu lesen. – Als Schlußstein: Entsetzen, aber auch – im Hinblick auf den nach rechts gerichteten Blick – Hoffnung, weil in aller Eile (Kind mit fliegendem Haar, springender kleiner Hund als Wegbegleiter) eine versiegelte Botschaft (Gnadenerweis) überbracht wird

In den oberen Fensterbrüstungen sind als Glasmosaik die Zehn Gebote in Goldbuchstaben angebracht, jeweils in knapper alter und volkstümlicher Form mit „Du sollst ...“ beginnend abgefaßt. Deren ursprünglich beabsichtigte Beseitigung in der nationalsozialistischen Zeit wird im Abschnitt 9.2. ausführlich beschrieben.

Die Pfosten der Schwurgerichtsfenster im 2. Stock sind mit Kinderfiguren in der Tracht und Haltung römischer Diener der Obrigkeit geschmückt. Wir erkennen dabei sowohl einen Feldzeichenträger als auch einen Liktoren. Während der erstere zu den sog. Signifern (Träger von Bannern, Manipeln und anderen Feldzeichen) gehört, zählen die Liktoren (lat. lictores) zu den sog. Apparitores. Sie standen nach den „scribaes“ (Schreibern) an zweiter Rangstelle vor den „viatores“ (Büroboten) und waren als Träger des Faszes (lat. fasces) bekannt. Bei letzterem handelt es sich um das sog. Rutenbündel mit Beil, das die Amtsgewalt der römischen Magistrate (imperium) und das damit verbundene Recht, zu züchtigen und die Todesstrafe zu verhängen, zum Ausdruck brachte. In der nationalsozialistischen Zeit hatte die Abbildung des Faszes in Italien unter Mussolini die gleiche Bedeutung wie das Hakenkreuz in Deutschland. Allerdings wird dieses Symbol im Gegensatz zum Hakenkreuz dort heute nicht als störend empfunden. Das Faszes wird uns bei unserem Rundgang im Gerichtshaus noch mehrmals wieder begegnen. Die Apparitores waren in der Regel Sklaven für körperliche Arbeit und gewöhnliche Schreibtätigkeit, für den Parteienverkehr mit den römischen Bürgern allerdings schon Freie niederen Standes. Sie wurden den römischen Beamten und Priestern anfänglich für die Zeit von deren Amtsdauer beigegeben, dann auf Lebenszeit vom römischen Staat bestellt und besoldet. Das ist erwähnenswert, weil sich durch die Bestellung der Apparitores auf Lebenszeit später das uns heute bekannte Berufsbeamtentum entwickelt haben soll.

Signifer

Liktor mit Faszes

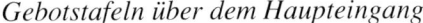

Gebotstafeln über dem Haupteingang

Der Signifer zeigt ein Feldzeichen mit den Anfangsbuchstaben SPQB (Senatus Populusque Bremensis = Senat und Volk von Bremen), abgeleitet von der in Rom gebräuchlichen Abkürzung SPQR = Senat und Volk von Rom). Diese Abkürzung hat sicher jeder Leser, der in Bremen das Rathaus besichtigt hat, schon (vielleicht unbewußt) gelesen. Sie ist über dem Eingang des neuen Bremer Rathauses und in der oberen Rathaushalle auf den Bürgermeistersesseln zu finden.

Unter dem Zinnenkranze des Hauptgesimses drohen Löwenköpfe in jeweils unterschiedlicher Haltung und verändertem Ausdruck – als Hüter des Rechts und Symbol der Stärke.

Ganz oben wird die Frontseite gekrönt durch das große – von Löwen gehaltene – bremische Staatswappen, das im Schild bekanntlich den Petrusschlüssel führt – so auch St.-Petri-Dom zu Bremen –. Die später häufig genutzte Bezeichnung „Bremer Schlüssel" oder „Schlüssel zur Welt" verwischt in ihrer verweltlichten Ausdrucksweise die ursprüngliche Bedeutung.

Bevor wir zur Violenstraße weitergehen, entdecken wir an dem Säulensockel der Vorhalle die Masken der verschiedenen Charaktere und Temperamente. Der Betrachter möge an Ort und Stelle und anhand der hier ausgewählten Abbildungen selbst entscheiden, welche Ausdrucksform welchem Charakter zugeordnet werden kann: dem lebhaften Sanguiniker, der Dummen, der Gewitzten, dem reizbaren und jähzornigen Choleriker, der Demütigen, der Scheinheiligen usw.

7.3. Front Violenstraße

In der Violenstraße wird erstmalig symbolisch der Kampf zwischen Gut und Böse dargestellt. Dieser These werden wir noch häufiger begegnen. Im Zusammenhang zu sehen sind die großen Bogenfelder des ersten Obergeschosses mit der symbolischen Darstellung der Kardinaltugenden und die tiefer (symbolisch negativ!) erkennbaren Kragsteine mit Tierköpfen. Betrachten wir zunächst die halbbogenförmigen Tugenddarstellungen:

1. Glaube, versinnbildlicht durch Kreuz, Kelch und Passionsblume

2. Liebe, versinnbildlicht durch Pelikan (nährt der Sage nach die Jungen mit seinem Blut aus der aufgerissenen Brust) und Rose (ein Marien- und Rechtssymbol. Die Rose gilt als Königin der Blumen und damit als erstrangige Zuordnung in der Hierarchie der Blüten. Die Gottes- und Nächstenliebe wird in der Bibel ebenfalls als oberstes Gebot bezeichnet, 1. Kor. 13,13: „Für jetzt bleiben Glaube, Hoffnung, Liebe, diese drei; doch am größten unter ihnen ist die Liebe")

3. Hoffnung, versinnbildlicht durch ein der Sonne zustrebendes Schiff mit Anker

4. Gerechtigkeit, dargestellt durch Waage, Schwert, Liktorenbündel(Faszes), zwei Engelsköpfe: guter und böser Engel

5. Klugheit, dargestellt durch eine in den Spiegel schauende Schlange (Selbsterkenntnis)

6. Treue, versinnbildlicht durch zwei sich umschließende, mit Efeu umrankte Hände (Efeu war schon im Altertum ein Symbol der Unvergänglichkeit wie auch der Liebe und Treue, weil es immerdar grünt. Es ist wohl deshalb auch eine Symbolpflanze der Ruhestätten geworden)

7. Keuschheit, versinnbildlicht durch eine sich vor dem (Mann im) Mond verhüllende Jungfrau

1

2

3

4

5

6

7

8. Stärke/Tapferkeit (eine Hand ergreift die Kehle des Wolfes, der soeben ein Lamm gerissen hat)

Der aufmerksame Betrachter wird sich fragen, was Treue und Keuschheit mit den Kardinaltugenden zu tun haben. Die geläufigen Namen – aus der Antike überliefert – sind: Weisheit, Gerechtigkeit, Mäßigung und Stärke (sog. platonische Tugenden, auch Buch der Weisheit 8,7), denen die klassischen theologischen Tugenden Glaube, Hoffnung und Liebe (1. Kor. 13,13) hinzugefügt wurden. Diese sieben Tugenden sind doch bekannter Bestandteil der Ethik. Da aber die traditionelle Tugend der Mäßigung fehlt, denn das letzte Bogenfenster symbolisiert die Stärke/Tapferkeit, ist es rätselhaft, warum die Mäßigung durch Treue und Keuschheit ersetzt wurde. Die Vermutung liegt nahe, daß die vorhandenen acht Fenster einen Schmuck haben sollten und auf Kosten einer Tugend zwei nicht traditionelle gewählt wurden. Das ist durchaus nicht ungewöhnlich. Wer in Florenz die Reliefs der in den Jahren 1330–1336 geschaffenen südlichen Bronzetür von Andrea Pisano bewundert hat, wird ebenfalls acht Felder mit Tugenddarstellungen entdeckt haben. Dort werden aber nicht die traditionellen platonischen Tugenden von vier auf fünf heraufgesetzt, sondern die ikonologische Darstellung der theologischen Tugenden auf vier erweitert: Hoffnung, Glaube, Barmherzigkeit und Demut. Dabei ist jeweils der Verlust der Symbolwirkung der heiligen Zahlen „drei“ und „sieben“ inkauf genommen worden. Die Zahlensymbolik „drei“ deutet in der christlichen Symbolsprache auf die Dreifaltigkeit des Christengottes (Trinität Vater, Sohn, Hl. Geist) hin. Auch andere Religionen kennen die Dreizahl, z. B. die göttlichen Dreiheiten in Ägypten durch Isis, Osiris, Horus; im Hinduismus durch Brahma, Vishnu, Shiva usw. Der Siebenzahl kommt nicht nur im Alten Testament als die Zahl der Fülle und Vollständigkeit besondere Bedeutung zu (die 7 christlichen Sakramente, der siebenarmige Leuchter). Wir finden sie wieder in der Astronomie: 7 Planeten; Künste: 7 freien Künste; Zeitrechnung: 7 Wochentage; Sprachgebrauch: Buch mit 7 Siegeln; Märchen: 7 Raben und 7 Geißlein usw). Wir brauchen übrigens nicht bis in die Toskana zu fahren, um eine Ausnahme von der Darstellung der traditionellen sieben Tugenden zu finden. Am Rathaus in Bremen werden die Kardinaltugenden dreimal an der Fassade thematisch dargestellt: In den Arkadenbögen zeigen sie sich in der gewohnten Siebener-Gruppe, allerdings in anderer Reihenfolge als am Gerichtshaus. In der obersten Reihe der Reliefs unter dem Dachsims des Mittelrisalits am Rathaus dagegen ist zu den sieben Kardinaltugenden noch der „Friede" als achte Tugend hinzugekommen, während die vollplastisch ausgeformten Tugenden an den Giebeln des Rathauses unter Verzicht auf die Tugenddarstellung „Spes" auf sechs Darstellungen gekürzt wurden (weil die „Hoffnung" dort zu dem sonst gezeigten ikonologischen Zusammenhang keinen Sinn gäbe, wie Rolf Gramatzki ausführlich darlegt).

Im Inneren des Gerichtshauses wird die traditionelle Darstellung der Zahlen „drei" und „sieben" im Zusammenhang mit den Tugenden jedoch wieder aufgenommen, wie wir bei der Betrachtung des Schwurgerichtssaales noch sehen werden.

Die tiefer liegenden Kragsteine (das sind die vorspringenden – als Träger verwendeten – Steinköpfe) über dem Erdgeschoß finden wir an der Längsfront sowohl in der Violenstraße als auch in der Ostertorstraße. Sie sind als Tiersymbole dargestellt und stehen ikonologisch für die menschlichen Laster und Leidenschaften: die Gottlosigkeit als Bock, die Eitelkeit als Affe, die Schmähsucht als Kröte, die Heuchelei als Schlange, die Verleumdung als Hyäne, die Furcht als Hase, die Habgier als Geier, die Verlockung als Fuchs, der Hochmut als Frosch, die Undankbarkeit als Esel, die Völlerei als Bär, die Rachgier als Kamel, die Raubgier als Wolf, die Torheit als Strauß, die Unsauberkeit als Rabe und die Sinnlichkeit als Schwein. Die Tiersymbole wiederholen sich mehrmals.

Die vier letzten Symbole an dem später fertiggestellten zweiten Bauabschnitt an der

Die Gottlosigkeit als Bock

Die Eitelkeit als Affe

Der Hochmut als Frosch

Die Sinnlichkeit als Schwein

Ostertorstraße sind darüber hinaus beschriftet:

Ein raubvogelähnliches Wesen mit Federhaube trägt den Zusatz „Geschwätzigkeit“; eine lauernde Katze mit Maus „Falschheit“; ein aufgeblähter Puter „Neid“ und ein dem Mops ähnlicher Hund „Faulheit stinkt“.

Vom Hauptgesimse drohen an der Violenstraße und Ostertorstraße Löwenköpfe als Gerechtigkeits-Zeichen sowie der Kraft und Stärke. Ebenso finden wir Abbildungen von Erinnyen, das sind Rachegöttinnen. Die Megäre als eine der drei Erinnyen wird in der griech. Mythologie als „das böse Weib“ bezeichnet. Am Dach sind sehr kunstvolle Drachenköpfe aus Kupfer und Stein als Wasserspeier zu bewundern. Drachen symbolisieren vielfältige mythische Vorstellungen. Einleuchtend wäre die bekannte dämonenabwehrende Symbolik, weniger die Teufelsdarstellung, weil sich diese Figuren oben (also allegorisch positiv) am Dach oder am Turm darüber befinden.

Rachegöttin am Hauptgesimse

Drachenkopf am Turm

Drachenkopf als Wasserspeier

7.4. Front Buchtstraße

An Haltung und Wucht wird die Portalseite der Domsheide von dem einfachen Eckbau an der Buchtstraße noch übertroffen. Die Bastion mit ihren Zwillingstürmen soll die herbe Strenge des Rechts und die burgartige Sicherheit mit Entschiedenheit vor Augen führen. Im kleinen Portalbogen, unterhalb der leichten Balkongalerie, sind als Kämpfer rechts und links Katze und Hund angebracht. Mit flottem Humor soll zur damaligen Zeit dem Hund in das „Maul" gelegt worden sein: *„Kat, wat deist Du mit mienen Knaaken."* Und jene soll zurückkeifen: *„Hund, dat sind miene Saaken!"* Diese Auseinandersetzung ist als Symbol für den Eingang des zur damaligen Zeit im 1. Stock liegenden Zivilgerichts und des im 2. Stock liegenden Schöffengerichts zu sehen. Außerdem finden wir noch die Abbildungen einer (diebischen) Elster und einer Eule (hier nicht als Symbol der Weisheit, sondern wohl für das heimliche Tun in der Nacht). Die weitere Straßenfront wurde bis 1994 durch den Gefängnisbau bestimmt, der trutzig und ernst, aber an dieser Stelle ohne nennenswerte Verzierungen und Symbolik gestaltet wurde. Die soliden Gitter an den Toren und Fenstern waren bereits Symbolik, nach dem Umbau 1994 aber nicht mehr Realität. Auf sie wurde nach dem Umbau der ehemaligen Haftanstalt in ein Dienstgebäude der Staatsanwaltschaft weitgehend verzichtet.

An der Einmündung der Buchtstraße in die Ostertorstraße fällt der Übergang zum Polizeihaus auf. Er dient als zweckmäßige Überführung der von der Polizei verhörten Täter zum Gericht. Möglicherweise nicht mehr lange, denn es gibt Pläne, das Stadt- und Polizeihaus Am Wall in das Areal der freigewordenen Lettow-Vorbeck-Kaserne in der Vahr zu verlegen.

An der Ecke Buchtstraße/Ostertorstraße liegt der säulenbewehrte Eingang des im zweiten Bauabschnitt errichteten Anbaues. Die Säulen tragen an ihrer Innenseite wieder Tiersymbole: Hahn (Verleugnung –„... noch ehe der Hahn kräht, wirst Du mich dreimal verleugnen!" Mt. 26,34), Ente (Klatschsucht), Elster (diebische) und Eule (nächtliche Emsigkeit). An der reich verzierten Eckfassade sind das Reichswappen und das bremische Wappen zu erkennen. Schon schwerer zu lesen sind die Inschriften: NAVIGARE NECESSE EST (knapp übersetzt „Seefahrt ist notwendig") – rechts – und am Reichswappen – links VOM FELS ZUM MEER. O. Fritz weist in seiner Abhandlung über die lateinischen Inschriften des Gerichtshauses näher auf die ursprüngliche Bedeutung und Entstehung des lateinischen Ausspruchs hin. Über diesen Wappen steht jeweils im Halbrund die Mahnung an den Richter: FUERCHTE GOTT / SCHEUE NIEMAND / THU RECHT.

Ehemaliger Eingang Buchtstraße

Hansewappen Osnabrück und Bremen

Hansewappen Soest und Hildesheim

7.5. Front Ostertorstraße

An der langen Front der Ostertorstraße – insgesamt ist die Front ringsherum etwa 400 Meter lang – sind zwischen Löwenköpfen, Erinnyen- und Medusenhäuptern die Wappen der alten deutschen Hansestädte angebracht. Sie haben sich in Farbe und Aussehen hervorragend gehalten, weil sie ganz in Majolika ausgeführt sind und sich die glatte Oberfläche bei Regen selbst reinigt.
Gegenüber der Einmündung der Dechanatstraße finden wir die als kraftvolle Germania aufgefaßte Statue der Justitia. Erfreulicherweise wird deren Abbildung nach der ersten Veröffentlichung als Blickfang und Markenzeichen auf Plakaten (Offene Tür, Ausstellungen usw.) und juristischen Veröffentlichungen gern verwendet, wodurch wiederum auf die Symbolik des Gerichtshauses aufmerksam gemacht wird. Die Statue wurde vom bremischen Bildhauer Rudolph Lauer (1852-1900) geschaffen. Von ihm stammen auch die beiden Sphinx-Figuren vor dem Übersee-Museum und das neugestaltete Portal des Schüttings.
Die Justitia trägt, im Gegensatz zu den meisten Abbildungen, keine Augenbinde. Man

Statue der Justitia in der Ostertorstraße

sollte daher erwarten, daß in Bremen mit bescharfem und ungetrübtem Blick Recht gesprochen wird! Allegorisch weist die Augenbinde im allgemeinen allerdings auf die Unparteilichkeit der Justiz hin. Die Justitia-Darstellung mit Augenbinde ist daher in erster Linie ein Symbol der Gerichtsbarkeit. Das trifft mit Sicherheit für die in einem bleiverglasten Fenster im Haus befindliche Justitia zu, die eine Augenbinde trägt (s. Beschreibung „Die Aufgänge" unter 8.1.). Eine Justitia ohne Augenbinde wie hier in der Ostertorstraße ist allegorisch eher die Darstellung der Gerechtigkeit in der Reihe der Kardinaltugenden. Wert wird dabei insbesondere auf die Attribute Waage und Schwert gelegt, die wir hier gegenständlich deutlich herausgearbeitet vorfinden.

Über der Justitia in der Ostertorstraße befindet sich eine in Kupfer getriebene Straßenuhr, die von einem Tritonen und einer Nereide getragen wird. Eine sinnige Anspielung auf die „Zeit-"Geschichte der Hansestadt, zu der das Meer, der Weserfluß und die Seefahrt gehören. Der Meeresgott Neptun – der griechische Poseidon – ist deshalb auch in Bremen ein häufiges Symbol mythischer Naturkräfte. Sein Sohn Triton gehört zu dem

Uhr am Gerichtshaus

Erker in der Ostertorstraße

glänzenden Gefolge Neptuns, meist in eine gekrümmte Muschel als Meertrompete blasend dargestellt. Er soll damit der Sage nach die Giganten im Kampf mit den Göttern in Schrecken versetzt haben. Während der greise Meeresgott Nereus als Vater von fünfzig Töchtern gilt, die halb Mensch, halb Fisch oder Robbe das Gefolge durch die Fluten begleiten. Diese hier am Gerichtshaus anzutreffenden Gedanken der antiken Mythologie sind 1991 in dem auf dem Domshof von Waldemar Otto geschaffenen Neptunbrunnen wieder aufgegriffen und dort durch eine beschriftete Bronzeplatte erläutert worden.
Durch die quergestellte, turmartige Uhr wird die lange Front der Ostertorstraße hervorgehoben und aufgelockert. Darüber hinaus wird der Besucher schon von fern her stadtaus- und -einwärts auf das Gebäude aufmerksam gemacht. Neben diesem beliebten architektonischen Kunstgriff zur Betonung einer Straßenfront weisen eine Sanduhr und ein Totenkopf an der schmalen Stirnseite der Uhr auf den Zeitenlauf allegorisch hin – Zeit und Vergänglichkeit.

Über dem Nebeneingang an der Ostertorstraße ist ein reich verzierter Erker ausgebildet, der unten von einer Säule getragen wird. Der nach einem Bombeneinschlag in unmittelbarer Nähe ursprünglich verstümmelte und inzwischen restaurierte Elefantenkopf dürfte auf die Kolonialzeit hindeuten. Er trägt auf seinem Kopf ein baldachinartiges Wappen: eine heraldisch gehaltene Rüstung mit Eichenlaub und dem St.-Petri-Schlüssel. Der an dieser Stelle lange Zeit geschlossene Seiteneingang soll im Zuge städtebaulicher Belebung der Ostertorstraße bald zu einem Restaurant- oder Cafébesuch einladen. Es lohnt sich auch, die wenigen Stufen hinaufzusteigen und dort die Eichentür zu bewundern. An den Türholmen sind säulenartig vier anmutige Frauengestalten mit bis auf die Füße wallenden, faltenreichen Gewändern dargestellt.
Die Beigaben in ihren Händen verraten ihre Namen (von links nach rechts): Klugheit (Buch), Gerechtigkeit (Schwert und Waage), Stärke/Tapferkeit (Keule, Löwenschild) und Mäßigung (Taube), die vier platonischen Tugenden.

Vier Frauengestalten symbolisieren die platonischen Tugenden

Betrachten wir die Front wieder von der Straße aus, fallen die rechts und links des Erkers befindlichen Fensterbögen auf. Sie tragen die Symbole von Schiffahrt (Segelschiff, Seerosenblätter und Neptunkopf mit Muschel) und Handel (geflügelter Hermesstab und Waagschalen, als Schlußstein darüber ein Hermeskopf. Hermes, der Götterbote, gilt als Schutzpatron der Kaufleute und Postbediensteten – allerdings auch der Gaukler und Diebe!).
Am Erker selbst, über der Haus-Widmung, links und rechts die Wappen der Hansestädte Hamburg und Lübeck. Für dieses Haus sind sie von besonderer Bedeutung (s. zur Vorgeschichte: Oberlandesgericht Hamburg, davor Oberappellationsgericht Lübeck).
Die ungewöhnliche Fülle von Andeutungen und Beziehungen in der Symbolik des Gerichtshauses hat schon während der Bauzeit die Bevölkerung zu näherer Betrachtung und Kritik gereizt. Einer Darstellung ist es dabei sogar sehr schlecht ergangen:
Der kecke „Bremer Jung", der aus dem Gitter bricht und „Es lebe die Freiheit" ruft, brachte großen Ärger. Ängstliche Gemüter und „grüne Tuchherren" meinten, an ein Gerichtsgebäude mit Haftanstalt gehöre doch keine Aufforderung auszubrechen. Die meisten Kritiker wollten die symbolische Deutung auf die liberale Strömung im neuen Recht, die die sittliche und moralische Freiheit des einzelnen Menschen anstrebte, nicht anerkennen.
Wie sehr die Bevölkerung mutig und engagiert an der Auseinandersetzung mit der Symbolik an ihrem Gerichtshaus teilnahm, verdeutlichen die nachstehenden Zeitungsausschnitte, auf die O. Fritz aus Bremen den Verfasser hingewiesen hat.

Auszug aus den Bremer Nachrichten vom 17. 3. 1895:

Fürbitte
(für einen harmlosen „Ausbrecher")

Nehmt ihn nicht fort, den schmucken
Jungen,
Der seines Gitters Stäbe bricht,
Der sich der Kerkerhaft entrungen
Und jubelnd grüßt der Freiheit Licht.

Er schaut nicht aus wie ein Verbrecher,
Der frevelt an des Nächsten Wohl,
Ist er, trotz aller Widersprecher,
Doch nur des Freiheitsdrangs Symbol.

Denkt Euch, daß er die schweren Stunden
Im Kerker schuldlos hat verbüßt,
Durch Richterspruch der Haft entbunden,
Die Freiheit jubelnd nun begrüßt.

Vielleicht auch deutet uns das Gitter
Auf Vorurtheile alter Zeit,
Aus denen sich der Neuzeit Ritter
In regem Freiheitsdrang befreit.

Erlöst vom Spuk vergangner Tage,
Gedenken wir mit Schaudern nur
An Thurmverließe, „scharfe Frage",
Geheimverfahren und Tortur.

Nur Finsterlinge können preisen
Das „Rechtsverfahren" jener Zeit:
Wir fühlen wie aus Block und Eisen,
Aus Kerkerhöhlen uns befreit.

Die Gitter, die uns noch umschränken,
Zerbricht der Geist, dem wir vertraun.
An diese Deutung laßt uns denken,
Wenn wir das Steinbild droben schaun.

Nehmt ihn nicht fort, den schmucken
Jungen,
Der seines Gitters Stäbe bricht.
Er braucht, als Kunstwerk wohl gelungen,
Zu scheuen nicht des Tages Licht.

Bremer Courier vom 9. 6. 1894:

Die mancherlei Wunderlichkeiten an der Außenseite des neuen Gerichtsgebäudes haben jüngst ihren Höhepunkt erreicht, nämlich in der etwa lebensgroßen Darstellung eines entspringenden Verbrechers. Die „W. Z." (Anm.: Weser Zeitung vom 8. 6. 1894) *berichtet darüber: Diese in Stein gemeißelte Sceno findet sich der Dechanatstraße gegenüber. Das Feld unter einem Bogen stellt die stark vergitterte Zelle eines Gefängnisses dar. Der Sträfling hat das Gitter durchgesägt und ist bereits mit seinem Oberkörper – welch letzterer nicht in Flachrelief angedeutet, sondern in ganzer Figur ausgearbeitet ist – im Freien. Das Ganze trägt mit großen Buchstaben die Unterschrift: „Es lebe die Freiheit". Wir machen hier nicht*

Es lebe die Freiheit

etwa einen schlechten Scherz, sondern es ist buchstäblich so. Das Mittelalter liebte zwar derartige Bizarrerien, die Zeit dafür scheint uns aber vorüber zu sein. Wir erblicken in der Scene nicht blos eine arge Geschmacklosigkeit, sondern eine Verhöhnung des Gerichtshauses und seines erhabenen Zweckes. Mit dem entspringenden Sträfling kann man nur dann sympathisiren, wenn er ungerecht verurtheilt war. Die ungerechte Verurtheilung wird man aber doch nicht zum Symbol eines Gerichtshauses machen. Die Unterschrift ist ein Hohn auf die Freiheit. Daß die Freiheit entspringender Übelthäter lebe, wünscht Niemand in Bremen. Es scheint uns an der Zeit, das fragwürdige Gebilde wieder zu entfernen, so lange das Gerüst noch steht.

Bremer Courier vom 10. 6. 1894:

Die am neuen Gerichtsgebäude angebrachte Figur eines aus dem Gefängnisse entspringenden Verbrechers hat als mit dem Charakter des Gebäudes im Widerspruch stehend überall Aergerniß erregt und hat der Senat, wie uns mitgetheilt wird, erfreulicher Weise schon vor einigen Tagen die Entfernung derselben angeordnet.

Dennoch erscheint am 13. 6. 1894 in der Bremer Bürgerzeitung eine weitere Veröffentlichung eines Lesers, der unter dem Pseudonym „Der Schelm von Bremen“ oder als „Jan Lachbüdel“ zu mehreren Themen in der Leserspalte erscheint. Sein richtiger Name soll Ludwig Niemann gewesen sein:

Bremer Bürgerzeitung vom 13. 6. 1894:

Es lebe die Freiheit!

Es flieht ein Verbrecher in fliegender Hast
Aus unserem schönen Justizpalast
Und ruft: „Es lebe die Freiheit!“ aus.
Die Spießer erfüllt das mit höllischem Graus.

Zu Hunderten ziehen die Spießer heran
Und seh'n sich den schrecklichen Menschen dort an.
„Es lebe die Freiheit“, so klagt es im Chor,
„O sagt doch, was hat man denn sonst mit uns vor.“

Ein Herr mit goldenem Kneifer spricht:
„Das ist ja der Umsturz, seht ihr's denn nicht,
Ein richtiges Bild aus dem Zukunftsstaat!“
Ein fetter Pastor sagt: „I-a, in der That!

Der Mensch kommt mir vor wie ein Sozialist,
Der ein- und ausgebrochen ist, ...
Und solch' ein Verbrecher, der steht jetzt da
Als Sinnbild der hehren Justitia.“

Ein schneidiger Lieutnant in Uniform
Ruft wüthend: „Pfui Deibel, das ist ja enorm!
Nähm' jeder Soldat solche Freiheit sich her,
Dann wären längst alle Kasernen leer!“

'ne hochrothe Nase kommt jetzo in Sicht -
Das ist ein Professor, ich irre mich nicht.
Wie der den Freiheitsapostel geseh'n,
Da wollt' er beinah' vor Entsetzen vergehn.

Es lebe die Freiheit! Du Schreckgespenst,
Daß du die wahre Freiheit verkennst!
Die wahre Freiheit in Kunst und Moral
Thut nur, was erlaubt ist und macht nicht Skandal.

„Ja, ja so ist es!“ ruft Hannes Courier,
„Wenn ich meinen lieben ‚Courier' redigir,
Beachte ich immer den guten Ton,
Dann wird auch später ein Orden mein Lohn.“

Der Mann von „Meck-Meckrufes Gnaden“, Poet
Und Sänger vom „blauen Bohnenlied“, steht
Zwei Stunden lang schon vor dem Freiheitsmann
Und singt seinen „Weckruf“, so laut wie er kann.

Da, Wunder! Laufe wer laufen kann,
Der Steinerne fängt selber jetzt an.
Seht, seht, wie der Lümmel sich höhnisch verbeugt,
So von hinten herum, was von Hinterlist zeugt ...

„Ich habe genug“, schallt's von oben herab,
„Von eurem Altweiber-Papperlapapp,
Denn gegen mein jetziges Freiheitsgefühl
Sind acht Tage Lugloch ja Kinderspiel.

Zurück denn zur wahren Freiheit, hurrah!
Ein alter Kunde ist wieder da!“
Und schleunigst verschwand der steinerne Gast
In seinem geliebten Justizpalast.

Der Schelm von Bremen

Als das beanstandete Relief gegen den heute zu sehenden Reichsadler ausgetauscht war, bemerkte der „Schelm“:

Der Mann der Freiheit ist nun verschwunden.
Doch haben sie gleich Ersatz gefunden:
Sie bringen zum Gaudium für Jedermann
Jetzt öffentlich ihren Vogel dort an.

Reichsadler

Bremer Bürger setzten sich also durchaus mit den Allegorien am Gerichtshaus auseinander und wußten sich zu äußern. Dazu gehören die „Beseitigung“ der Zehn Gebote, das Entfernen der Justitia mit Augenbinde und der Abriß der Moses-Skulptur im sog. „Dritten Reich“ genauso wie die Anbringung der Gedenktafeln im Treppenhaus für Gefallene des Ersten Weltkrieges, der Opfer des Sondergerichts Bremen und anläßlich der Ausgrenzung von Anwälten jüdischer Herkunft.

VIII. Laster und Tugenden

Allegorien und Handwerkskunst im Gerichtshaus

8.1. Die Aufgänge

Wer als Besucher zu den oberen Stockwerken nicht den – schon 1895 eingebauten und 1928 erneuerten – Fahrstuhl benutzt, sondern die steinerne, breite Haupttreppe hinaufsteigt, wird das reich verzierte Sandsteingeländer bemerken. In lockerer Reihenfolge werden Begriffe und Gegenstände aus der Gerichtsbarkeit – vornehmlich aus dem Strafrecht – dargestellt.

Seit dem Tag der Offenen Tür am 5. 11. 1983 sind am Treppenabsatz vom 1. bis zum 2. Obergeschoß zahlreiche Einzelmotive zusammengestellt und fotografisch hervorgehoben worden.

Alle Treppen im Haus sind aus massivem Stein. Mit Ausnahme der Haupttreppe sind die anderen Aufgänge mit schmiedeeisernen Geländern versehen. Das Motiv der sehr sauber ausgeführten Schmiedearbeiten bilden Weinranken.

Treppenaufgang

Treppenverzierung: Schwurhand

Treppenverzierung: Kapitalverbrechen

Das hohe Fenster, ursprünglich zwischen dem 1. und 2. Stock im Treppenhaus der Haupttreppe, war mit einem 70 x 140 cm großen bleigefaßten Buntglasfenster geschmückt, das die Justitia (hier mit verbundenen Augen, einer Waage und einem Schwert) darstellte. Schon im Jahre 1933 soll dieses Fenster jedoch ausgebaut worden sein, weil nach den „Erkenntnissen“ jener verworrenen Zeit die Justitia *„nicht mehr blinden Auges urteilen sollte*“... Das Glasmosaik befand sich nach Recherchen wohlbehalten im Hause einer Anwaltsgemeinschaft in unmittelbarer Nähe des Gerichtshauses an der Domsheide (Haus Nr. 3) und schmückte in einer Lichtvitrine den inneren Eingangsbereich. Nach dem veröffentlichten Hinweis auf die teilweise „ausgelagerte Justiz“ einigten sich der Besitzer und der

Nebenstehende Abbildung zeigt den schlichten und einleuchtenden Versuch des Bildhauers, den „Beweis“ mit der ihm vertrauten Formel des gleichseitigen Dreiecks symbolisch darzustellen

Präsident des Landgerichts auf eine Rückgabe des geretteten Glasfensters. Es kann seit dem Tag der Offenen Tür am 20. 4. 1991 der Öffentlichkeit nun wieder im Gerichtshaus vorgestellt werden. Wir finden es jetzt allerdings eine Etage tiefer zwischen Erdgeschoß und 1. Etage. Die neu im Focke-Museum entdeckten Aufnahmen, die um 1895 entstanden, dokumentieren noch den Standort zwischen 1. und 2. Etage. Der Verfasser geht davon aus, daß im Hinblick auf das nachstehend beschriebene Ehrenmal an dieser Stelle schon 1920 eine Versetzung der Justitia-Abbildung an den jetzigen Standort erfolgte und diese den Fenstermaßen angepaßt wurde.

8.2. Die Vorhallen

Am 18. 9. 1920 wurden im Treppenbereich zwei große Ehrengedenktafeln für die im Weltkrieg 1914–1918 gefallenen Gerichtspersonen angebracht.
Die auf der Abbildung zu sehende, rechte Gedenktafel trägt folgenden Text:

Treppenaufgang mit Ehrengedenktafel

DEM + ANDENKEN
DER + IM + WELTKRIEG + 1914 – 1918 + GEFALLENEN
GERICHTSSCHREIBER*GVSTAV+BEVSTER*AVGVST+BVSCH
RICHARD+VON+BVSCH*FRIEDRICH+KOCH*FRIEDRICH+MEHLITZ
EWALD+WEITSCH*WILHELM+MEYER***RICHTER***CONSTANTIN
FRITZE*DR.+WILHELM+GERHOLD*DR.+HERMANN+GOERING+DR.+PETER
RAMSAVER*DR.+WILHELM+STEMMERMANN*DR.+FRIEDRICH*
WASSERFALL***RECHTSANWÄLTE***DR.+OTTO+BACHOF*WILHELM
BLENDERMANN*FRIEDRICH+BRVNS*DR.+OTTO+COHN*DR.+CARL
FRITZE*DR.+HERMANN+HEYE*DR.+CARL+HAGEMANN*HERMANN
HEVMANN*WILHELM+LEIPOLD*DR.+SIEGFRIED+LAMPE*THEODOR
LAMPE*DR.+GEORG+MEINERING*EDGAR+ROESING*HANS+SCHEPP
DR.+BERND+SCHILLING*JVLES+SCHRÖDER*DR.+FRITZ+SPRENGER
DR.+GVSTAV+VAGT*DR.+THEOD.+WÄHMANN***REFERENDARE***WALTHER
BRAVER*DR.+HERBERT+GEBER*DR.+JOHANNES+HERKLOTZ
FRIEDRICH+HOGREFE*DR.+GVSTAV+KLIPPERT*DR.+EMIL+KOLWEY*
PHILIPP+MAYER*DR.+ERNST+MVFF*DR.+CARL+JOSEPH+HERMANN
MVLLER*DR.+WILHELM+HERMANN+GEORG+MVLLER*WALTHER+NOLL
DR.+JOHANNES+NOLTENIVS*DR.+HANS+NÖSSLER*DR.+HEINRICH
OEHLCKERS*DR.+RVDOLF+PAGENSTECHER*CARL+PLATE*
RVDOLF+THORMÄLEN*DR.+EBERHARD+THVLESIVS*DR.+HEINRICH
TIEMANN*DR.+HERMANN+VOLKMANN*HEINRICH+WEHRING
AVGVST+WILMANNS***GEFANGENENAVFSEHER***WALTER+
HENNEMANN*WILHELM+KRANZ*MAX+RÄMSCH***GERICHTSDIENER**
BRVNO+HELLER***KASSENBOTE***HEINRICH+BARTELS*
GEWIDMET+VON+IHREN+KOLLEGEN+VND+KOLLEGINNEN

Auf der gegenüberliegenden Seite befindet sich eine Tafel gleicher Größe und Aufmachung mit Namen von gefallenen Kanzleibeamten der Staatsanwaltschaft und der Gerichte, von Büroangestellten der Rechtsanwälte und Justizanwärtern.
Zum Zeichen der Trauer sind die Handläufe der zu dieser Stelle führenden Treppen und die dortigen Sitzbänke schwarz (und nicht braun - wie sonst) gebeizt. Ein „Ausschnitt aus einer Bremer Arbeiterzeitung vom 11. 6. 1920" befindet sich in den Verwaltungsakten jener Zeit mit der Überschrift:

Eine seltsame Denkmalsgeschichte.

Die bremischen Richter, Staatsanwälte, Rechtsanwälte und Referendare haben die Errichtung eines Ehrenmales für ihre im Kriege gefallenen Kollegen sowie für die Beamten und Angestellten der Gerichte und der bremischen Rechtsanwälte beschlossen. Das Ehrenmal wird an den Seitenwänden im 2. Stock des Treppenaufganges im Gerichtsgebäude, Eingang Domsheide, angebracht. Mit den Vorarbeiten ist bereits begonnen. Es wird jetzt versucht, die Zustimmung der Beamten und Angestellten der Gerichte und der Rechtsanwälte zu erlangen, bezeichnenderweise erst jetzt zu dem fertigen Plane, während man es nicht für nötig hielt, vorher eine grundsätzliche Stellungnahme dieser Kreise herbeizuführen. Wir fragen: Ist die Inspektion des Gerichtshauses berechtigt, das Gerichtsgebäude einer verschwindenden kleinen Gruppe der Bevölkerung zu dem bezeichneten Zwecke zur Verfügung zu stellen? Oeffentliche Gebäude sollten für derartige Zwecke grundsätzlich nicht freigegeben werden. - Wir bitten die Fraktionen der sozialistischen Parteien, gegen die Errichtung des Ehrenmales im Gerichtshause sofort Stellung zu nehmen. Dies mit um so größerem Nachdruck, als die Art der Ausführung sowie die von anderer Seite beabsichtigte Inanspruchnahme auch anderer öffentlicher Gebäude zu dem gedachten Zwecke die Gefahr chauvinistischer Verhetzung weiter Bevölkerungskreise in sich schließt.
Mehrere Beamte und Angestellte der bremischen Gerichte.

Der Vorgang wurde dem Bürgermeister und Justizsenator zur Kenntnisnahme vorgelegt und der Senatsregistratur am 16. 6. 1920 zugeleitet und mit der handschriftlichen Feststellung dort abgeschlossen: „Gesehen. Warum zu einer Ehrung der gefallenen Gerichtsbeamten, deren Kosten von privater Seite aufgebracht wurde, die Zustimmung der gegenwärtig im Amt befindlichen Beamten erforderlich sein soll, vermag ich nicht einzusehen."
In den Fluren befinden sich weitere Gedenktafeln. Im Jahre 1984 wurde von Personen, die mit der Aufarbeitung des nationalsozialistischen Unrechts begannen, eine Mahnung für die Zukunft durch Anbringung einer Hinweistafel angeregt. Diese Tafel ist auf dem Flur neben dem Strafkammersaal, Raum 231 – dem Tagungsort des Sondergerichts Bremen –, angebracht worden. Im Flur der 1. Etage neben dem Anwaltszimmer Nr. 114 befindet sich eine Gedenktafel, die an die Ausgrenzung von Anwälten und Notaren jüdischer Herkunft erinnert. Texte und nähere Zusammenhänge beider Tafeln werden im Abschnitt 9.1. beschrieben.
Die Vorhallen und Gänge des Gerichtsgebäudes sind reich verziert. Einige Wandmalereien sind gut erhalten oder auch restauriert.

8.3. Die Sitzungssäle

Der Eingang zum Strafkammersaal (Raum 231) an der Innenhofseite fällt durch seine kunstvollen Holzarbeiten auf. Auch im Inneren überwiegen die massiven Holzpaneele und Schnitzereien.
Die sehenswerte Holzdecke erinnert an englische Vorbilder. Die Wandflächen sind in Backsteinfugenbau ausgeführt. An deren kurzen Seiten befanden sich kunstvoll aufgemalte Wappen mit reichem Gehänge und frei ausflatternden Spruchbändern und Blattgezweige. Der Versuch einer vollständigen Restaurierung ist bislang fehlgeschlagen. 1992 wurde endlich eine fachkundige Restaurierung der dem Richtertisch gegenüberliegenden Wand hinter den Zuschauern vorgenommen. Nähere Ausführungen dazu erfolgen im Abschnitt 10.2. (Restaurierung der Innenräume).

Archivfoto 1895 vom Strafkammersaal, Richterseite

Winkel, Bögen und Durchblicke im Raum 249

Der kleinere – mit interessanter Fensterfront versehene – Saal im 2. Stock an der Ostertorstraße (Raum 249) wirkt in seiner gesamten Gestaltung fast sakral. Man könnte ihn ohne nennenswerte Umbauten genausogut als eine kleine Kapelle empfinden.
An den Wänden und Säulen auch hier die schon besprochene Symbolik (Rachegöttin, Schwurhand, Zehn Gebote, Waage usw.).
Darunter, im Erdgeschoß, tragen die Säulen eines weiteren Sitzungssaales (Raum Nr. 50) die Abbildungen (Zirkel, Kelle, Pinsel, Lot usw.) der verschiedenen Gewerke, z. B. des Zimmermanns, Maurers und Malers. Mehrere Besucher erkannten während der vom Verfasser durchgeführten Führungen darin bekannte Freimaurerzeichen.
Wenden wir uns nun den drei Sälen der Hauptfront an der Domsheide zu.
Im 1. Stock finden wir die beiden Zivilkammersäle. Sie wurden 1983 behutsam renoviert, um möglichst die ursprünglichen Farben zu erhalten. Neben der großen Fensterfront, den großzügigen Kronleuchtern und der bis Augenhöhe ausgeführten Holztäfelung an den Seiten fallen die an den Deckenbalken angebrachten Kernsprüche auf. Im Saal rechts (Raum Nr. 115) in Hochdeutsch, links (Raum Nr. 117) in Niederdeutsch:

Hundert Jahre Unrecht sind noch kein Tag Recht.
Behaupte das Deine, gib jedem das Seine und Unrecht verneine.
Vergleichen und Vertragen, ist besser als Zanken und Klagen.
Das Recht dünkt selten gut, wenn es uns schaden thut.
Versprechen und halten steht wohl bei Jungen und Alten.
Wer Recht thut – wird Recht finden.

Richte nicht eines mannes word. De wedderrede sy den gehort.
Ein richter sy thovorne recht. De richte den heren sampt den knecht.
Dwinge dinen sin up wise word. So werd din rede wol gehort.

Wol unrecht wil to rechte han. De mot vor God to rechte stan.
Im torne richte nene sake. Wort dy vor hetischer wrake.
Wol de sinem rechte unrecht dot. Dar werd dat ende selden got.

Die gereimten niederdeutschen Verse lauten übersetzt sinngemäß:
Satz 1: Urteile nicht nach der Aussage eines Mannes, es muß auch die Gegenpartei gehört werden.
Satz 2: Ein Richter stehe über dem Recht, er richte über den Herrn wie über den Knecht (in gleicher Weise).
Satz 3: Verhandle in Rechtsdingen mit weisen Worten, so wird deine Rede (dein Urteil) auch als Recht angesehen werden.
Satz 4: Wer Unrecht für Recht ausgeben will, der muß es vor Gott verantworten (der muß dafür vor Gott gradestehen).
Satz 5: Richte über keine Sache im Zorn, und hüte dich vor gehässiger Rache.
Satz 6: Wenn jemand aus Freundlichkeit Rechtes unrecht behandelt, so führt das selten zu einem guten Ende.

Diese letzten sechs Kernsprüche sind – wie so viele allegorischen Hinweise des Gerichtshauses – wörtlich auch im Rathaus zu finden gewesen. Es handelt sich um eine Auswahl der 35 Sprüche auf dem Bremer Ratsstuhl, der in seiner Funktion ja ein Gerichtsstuhl war, wie auch das Rathaus hauptsächlich als Gerichtshaus gebaut wurde (vgl. Gramatzki, in: Das Rathaus in Bremen).

Der dominierende Saal ist der an der Hauptfront im 2. Stock gelegene Schwurgerichtssaal Zimmer 218.
Schon der Eingang wird durch die Fortsetzung der dekorativen Säulen aus dem Treppenbereich betont. Diese Absicht wird außerdem durch die Anhebung des Saalbodens und den dadurch bedingten drei Eingangsstufen unterstrichen.
Das stark herausgearbeitete große Bremer Staatswappen über dem Eingang, die saubere Ausführung aller Arbeiten – einschließlich der Eingangstür aus Eichenholz – drücken diesem Saal schon von außen den Stempel der Würde und Bedeutung auf.

Eingang Schwurgerichtssaal

Am Fuß der Säulen links und rechts befinden sich Zeichen der Gerichtsbarkeit: das Auge in einem Dreieck (Allgegenwart des dreieinigen Christengottes) und eine Waage (Gleichgewicht/Gerechtigkeit) sowie gegenüber das Liktorenbündel (Beschreibung s. Portalseite Domsheide), letzteres auch ein Hinweis auf den Einfluß römischen Rechtsempfindens in unserer Gesetzgebung.
Beim Blick in das Innere des Saales werden manche Erwartungen noch übertroffen. Die Wände sind mit dekorativer Tuchware geschmückt. An der Richterseite sind das große Bremer Staatswappen und an der Zuhörerseite der Reichsadler in dezenten Farben aufgemalt.
Reifenförmige Deckenleuchten mit Glaskugeln erhellen den Raum. Während zwischen den Kugellampen jeweils abwechselnd der Bremer Schlüssel und eine Waage zu erkennen sind, enthalten die oberen Reifen erhaben ausgeprägte Kernsprüche. Die Inschrift der ersten Lampe erinnert inhaltlich und sprachlich an die Balkenmalerei im Zivilsitzungssaal sowie an die in vielen Rat- und

Innenansicht des Schwurgerichtssaals

Gerichtshäusern zu findende Textzeile „Audiatur et altera pars“: EINES MANNES RED IST KEINES MANNES RED. MAN SOLL SIE HOEREN ALLE BEED. In ähnlicher Form ist die 9. Textzeile der Tafel von 1491 in der oberen Rathaushalle abgefaßt: „Höret den anderen Teil an“, wobei jener Stelle noch eine andere Bedeutung beigemessen wird als auf den im Schwurgerichtssaal abzielenden Sinn, daß nämlich vor Gericht beide Parteien gleichermaßen um der Gerechtigkeit willen gehört werden müssen. Auf der zweiten Lampe ist zu lesen: RICHTER RICHTE RECHT, GOTT IST DER HERR, DU SEIN KNECHT. ANNO DOM. 1895. Dadurch soll deutlich werden, daß das (letzte) Gericht bei Gott liegt, der Richter nur als Ausführender der weltlichen Rechtsprechung auftritt und göttliche Anordnungen zu beachten und (als Knecht) zu befolgen hat. Die Furcht vor ungerechtem Urteil des Richters findet sich sowohl in dem Wappenspruch an der Ecke Ostertorstraße/Buchtstraße als auch an den Richterstühlen: „Thue Recht, Scheve Niemand, Fuerchte Gott“.

Die über kopfhohe Täfelung aus massivem Eichenholz ist sehr sauber ausgeführt und mit zahlreichen symbolischen Schnitzereien versehen.

An der Eingangswand sind rechts und links von der Tür die zwölf Tierkreiszeichen und im Rücken der Richter – vielleicht dem Angeklagten vor Augen haltend – jeweils in Halbbögen die sieben Todsünden in Tier- und Ornamentsymbolik dargestellt.

Die Sünden und Laster, dargestellt von der Eingangswand zum Fenster:

SVPERBIA (Hochmut): ein radschlagender Pfau, der an Federn, Füßen und Schnabel mit Schmuck behängt ist. Als anormale Zutat für einen Vogel: die langen (Esels-)Ohren, wohl als Zeichen der Torheit.

AVARITIA (Geiz): ein Geier mit zwei (Geld-)Beuteln im Schnabel. Seine Krallen umfassen einen dritten (Geld-)Sack.

PIGRITIA (Faulheit): die Gestalt eines liegenden (untätigen) Esels, der von zahlreichen Disteln eingerahmt wird.

IRA (Zorn): ein aufgerichteter Bär, der mit einer Tatze schlägt.

SVPERBIA (Hochmut)

AVARITIA (Geiz)

PIGRITIA *(Faulheit)*

IRA *(Zorn)*

INVIDIA (Neid)

INVIDIA (Neid): ein aufgeblähter Hühnervogel, an einen Truthahn (Hautlappen am Schnabel) erinnernd.
GVLA (Schlund): symbolisierend für Völlerei/Sinnlichkeit. Ein Wildschwein, das einen Fisch verschlingt, umrahmt von allerlei Kleingetier (Maus, Kröte) und einer Mohrrübe.
VENVS (eigentl. röm. Liebesgöttin, hier im übertragenen Sinn für Begierde, Wollust): ein Affe mit entblößtem Hinterteil (symbolisierend die Unkeuschheit und das teuflische Wesen).

Schauen wir einen Augenblick auf den einfachen Bildinhalt der Faulheit (Pigritia) zurück. Wir sehen zunächst nur die Abbildung: einen liegenden Esel in blühenden Disteln. Bei näherer Betrachtung fällt noch auf, daß der Esel abgemagert zu sein scheint, seine Rippen treten deutlich hervor und der gesenkte Kopf am Boden deutet auf Schläfrigkeit, Energielosigkeit hin. Absicht der Darstellung ist es jedoch, einen deutenden Hinweis zu geben. Im Bild ist ein Sinn-Bild verborgen. Wir werden aufgefordert, die Identifikation des Bildinhalts und seine Beschreibung vorzunehmen (Ikonologie). Allgemein betrachtet scheint uns das „hinter die Dinge Schauen" schon etwas verloren gegangen zu sein, zumindest was die Deutungsregeln angeht. Einem Esel werden nach dem ikonologischen Sinn sehr verschiedene Deutungen zugeschrieben, u. a. Torheit und Nutztier armer Leute. Martin Luther King wollte nicht mit dem für die USA typischen Autogefährt sondern von einem Eselkarren (oder von Maultieren, eine Kreuzung von Eselshengst und Pferdestute) zum Begräbnis gefahren werden! Auch die Herbergssuche durch Maria und Josef (Maria auf einem Esel reitend) und die Situation im Stall zu Bethlehem mit Krippe und Esel (obwohl es dafür auch andere Deutungen unter Bezug auf die Schrifterfüllung gibt) werden oft als Symbol der Armut gedeutet. Die Distel oder Eberwurz, auch Eselsdistel genannt, ist ein Symbol für Mühsal und Schmerzen; in der christlichen Kunst als Sinnbild irdischer Schmerzen. Die rotköpfige, hohe Distel auf Märtyrerbildern bedeutet: Je mehr den Märtyrern Leid geschieht,

GVLA (Schlund)

VENVS

desto höher wachsen die Disteln. Das Sinnbild Pigritia kann deshalb so gelesen werden: Wer sich töricht dem Müßiggang hingibt (liegender Esel) und die Mühsal scheut, wird schmerzlich (Disteln) Hunger (abgemagerter Esel) erleiden.
In den – vom Halbkreis zum Rechteck verbleibenden – zwei Zwickeln sind in allen Feldern dieselben Schnitzereien zu finden: zunächst ein Bocksfuß. Der Bock gilt als Symbol der Gottlosigkeit, der Bocksfuß wird daher auch als Attribut bei der Teufelsdarstellung benutzt und ist uns heute als dieses Symbol noch gut bekannt. Maßgebend dafür mag der Hirtengott Pan gewesen sein, der als Halb-Mensch/Halb-Bock furchterregend war und durch sein überraschendes Flötenspiel (Panflöte) erschreckte. Daraus hat sich das Wort Panik entwickelt, in dem die Silbe Pan an den Ursprung erinnert. Daher stammt auch noch heute die Redewendung „vor etwas panische Angst haben". Aus christlichem Verständnis ist er der heidnische Gegenpol gegenüber der (von der Erbsünde) befreienden Erlösung durch Christus. Außerdem sind ein Drachenflügel und eine kreisförmig gewundene Schlange, die sich in den Schwanz beißt, dargestellt. Drache und Schlange sind ebenfalls biblische Hinweise auf Teufel und Sünde (Off. 12,9, 14 ff.; 20,2). Der Schlangenkreis versinnbildlicht die laufende Wiederkehr. Die Schlange schließlich an der rechten Seite, die in einen Apfel beißt, weist den Betrachter unverkennbar auf den Sündenfall im Paradies hin. Da die Schlange nach der Bibelstelle (1. Mos. 3,4–6) bekanntlich nicht selbst in den Apfel beißt, wird auch hier deutlich, daß es sich nicht um eine reine Abbildung sondern um eine ikonographische, ikonologische Darstellung handelt. Hingewiesen werden soll auf den Gesetzesbruch im Paradies durch den Menschen. Dadurch entstand erst die Erkenntnis von Gut und Böse (1. Mos. 3,4; 3,22 „Da gingen beiden die Augen auf ...; ... Seht der Mensch ist geworden wie wir; er erkennt Gut und Böse"). An dieser Stelle ist wieder der Hinweis angebracht, wie wichtig es ist, bei der ikonologischen Betrachtung nicht nur die einzelne Darstellung, sondern das ganze Bild, ja die Einordnung in die Reihe der übrigen Darstellungen sowie den Darstellungsort zu untersuchen. Meist ist dann erst die sinnbildhafte und darstellende Funktion als „Programm" einer Serie deutbar. Durch die jeweilige Wiederholung des Themas in jedem Zwickel der sieben Felder wird uns der Zusammenhang hier leicht gemacht.
Links und rechts dieser sieben Felder werden zur Auffüllung das Bremer Wappen (Petrus-Schlüssel), ein Richtschwert sowie das Hanse-Wappen und eine Waage abgebildet.
In christlichem Verständnis werden die Laster als Ursache der Sünde angesehen und stehen den Tugenden geradezu kämpferisch gegenüber. So hat man im Schwurgerichtssaal die Symbole der Tugenden folgerichtig auf der gegenüberliegenden Zuschauerseite angebracht. Etwa in der räumlichen Mitte dieser Gegenpole, wo schließlich das Gute über das Böse siegen soll, befindet sich der Platz des Angeklagten. Gerade in der heutigen Zeit, in der ein Gerichtssaal immer mehr auch Arbeitsplatz für medizinische Sachverständige geworden ist, scheint diese Anspielung auf den Kampfplatz von Gut und Böse und die gegenseitige Abhängigkeit und Beeinflussung von Seele und Körper (Psychosomatik) treffend gelungen und hochaktuell. Diese Absicht wird durch die Verzierung auf

„Guter Engel"

„Böser Engel"

SAPIENTIA (Weisheit)

den Innenseiten der in der Mitte des Saales befindlichen Eingangstüren bestätigt. Dort symbolisieren die beiden Engelsköpfe – guter Engel/böser Engel – die Kampfstätte von Gut und Böse.
O. Fritz hat diese Thematik in einem Artikel im Jahrbuch der Wittheit zu Bremen 1984 ebenfalls ausführlich behandelt. Am Rathaus in Bremen werden diese Tugendkämpfe durch Paardarstellungen von Gut und Böse (Mäßigkeit auf Gier sitzend; Wahrheit auf Lüge sitzend usw.) noch einmal bildlich veranschaulicht.
Betrachten wir nun die Darstellungen der Tugenden – von der Fensterseite zur Eingangswand:
SAPIENTIA (Weisheit): ein Frauenkopf mit Stirnmaske, offenbar die Gestalt von Pallas Athene, die Göttin der Weisheit, mit einer Schlange, die in den Spiegel schaut (Selbsterkenntnis).
IVSTITIA (Gerechtigkeit): eine Waage (Zeichen des maßvollen Gleichgewichts) und ein Schwert (das scharf schneidende Instrument als Symbol der Trennung von Gut und Böse. Daher auch heute noch die „*Entscheidung*“ im Sprachgebrauch für ein Urteil. Das Schwert deutet aber auch als Richtschwert auf die Macht zur Vollstreckung hin. An der Toreinfahrt zur ehemaligen Haftanstalt an der Buchtstraße sind z. B. rechts [Gerichtshausseite] die Waage und links [Gefängnisseite] das Richtschwert dargestellt).
FIDES (Glaube): ein Kreuz mit Kelch und Hostie sowie einer Öllampe (christliche Zeichen für Kreuzestod, Opfermahl und Gegenwart Gottes).
CARITAS (Liebe, Hochachtung): ein Herz mit Flamme (das sich verzehrende Herz), links davon der Kopf eines Lammes mit Heiligenschein (Christus als Lamm, der sein Leben für die Erlösung aus Schuld anderer hingab, „*zur Schlachtbank geführt*“, Jesaja 53, 6 u. 7) und rechts ein Pelikan mit Jungen (s. auch Beschreibung der Darstellung an der Violenstraße).
SPES (Hoffnung): ein Anker mit Querbalken (heimliches Kreuzzeichen der frühen Christen – Hoffnung auf Erlösung durch Kreuzestod. Weltlich als Hinweis auf den sicheren Ankerplatz, die Hoffnung auf glückliche Heimkehr) sowie ein sog. Lothringer-

IVSTITIA (Gerechtigkeit)

FIDES (Glaube)

CARITAS (Liebe, Hochachtung)

SPES (Hoffnung)

TEMPERANTIA (Mäßigung)

FORTITVDO (Tapferkeit)

Stier

oder Kardinalkreuz und ein Baum oder Zweig mit runden Früchten oder Blüten. Während das Kardinalkreuz auf die Kardinaltugenden hindeuten mag, kann der Baum oder Zweig nicht sicher gedeutet werden. Möglich wäre das Sinnbild für Hoffnung auf trockenes Land nach der Sintflut, 1. Buch Mose 8,11 (Olivenzweig), aber auch der im südlichen Europa bereits im Januar blühende Mandelbaum nach der Prophezeiung von Jeremia (1,11) könnte gemeint sein sowie die Geschichte des ausschlagenden Mandelstabs des Aaron (4. Mos. 17,23). Eine Besucherin schrieb nach einer Führung, daß Lothringerkreuz und Ölbaum auch Sinnbilder von Katholizismus und Judentum sein könnten. Hoffnung auf Toleranz wäre Ende des vorigen Jahrhunderts ein sehr verständlicher Wunsch gewesen.
TEMPERANTIA (Mäßigung): eine ruhende Taube (uns heute noch als Friedenssymbol bekannt), rechts davon ein Holzmaßstab (recht wörtliche Deutung!) und links ein Schwert, das bis zum Knauf in der Scheide steckt (also maßvoll getragen und nicht für den Kampf gezogen ist).
FORTITVDO (Tapferkeit): ein Löwenkopf, daneben ein Helm mit einem Federbusch und eine Rüstung (Symbole von Stärke, Mut).

Die drei göttlichen (theologischen) Tugenden werden also in der Mitte hervorgehoben und eingerahmt von jeweils zwei platonischen Tugenden, so daß sie sich zu den sieben Kardinaltugenden ergänzen. Auf die Bedeutung der Dreizahl und Siebenzahl ist bereits bei der Betrachtung der Tugenddarstellungen in der Violenstraße hingewiesen worden.
In den beiden Zwickeln oberhalb der Darstellung befinden sich jeweils lilienähnliche Gewächse, die als biblische Symbole der Schönheit und Reinheit, auch der Unschuld gelten. O. Fritz weist auf den möglichen Vergleich der Zwickeldarstellungen der Todsünden einerseits und der Tugenden andererseits hin. Wie der gefallene Engel (Teufel als Schlange) Eva zur Versuchung mit dem Apfel naht, so naht der Engel bei der Verkündigung Mariens mit dem Lilienstengel. Im Mittelalter galt die Verkündigung Mari-

Fische

ens als Antitypus der Versuchung zum Sündenfall.
Im Schwurgerichtssaal bleibt uns noch die Betrachtung der Eingangswand und der Fensterpfeiler. So wie die Todsünden an der Richterwand und die Tugenden an der Zuschauerwand in einer Beziehung stehen, so korrespondieren die Tierkreiszeichen mit den vier Jahreszeiten, die wir an der Eingangswand und an den gegenüberliegenden vier Fensterpfeilern finden.
Die rechts und links von der Eingangstür im Schwurgerichtssaal abgebildeten zwölf Tierkreiszeichen sind in der uns heute geläufigen Symbolik dargestellt.
Jeweils zwischen zwei Tierkreiszeichen sind abwechselnd die drei umseitig abgebildeten Wappen zu finden.
Das Bremer und das Reichswappen sind selbsterklärend.
Im Hansewappen erkennen wir die Inschrift IN TRINITATE ROBVR (in Dreieinigkeit liegt Stärke). Geläufiger wäre der Wahlspruch „in unitate robur" (Einigkeit macht stark). Was mit „Drei" gemeint ist, wird gerätselt. Dem Verfasser sind dazu inzwischen mehrere Zuschriften übersandt worden: Ein Einsender verweist auf den gleichlautenden Wappenspruch der Familie Bismarck. Die Dreiheit könne auch auf die drei freien Hansestädte Lübeck, Hamburg und Bremen hindeuten, die durch einen gemeinsamen Gerichtsinstanzenzug verbunden waren. Oder es sei die Dreieinigkeit der göttlichen Personen gemeint. Trinitas ist in der christlichen Theologie der Ausdruck dafür, daß uns der eine Gott als Vater, Sohn und Heiliger Geist begegnet. Die Übersetzung wäre „im dreieinigen Gott ist Stärke". Der Begriff „trinitas" ist jedoch nicht ausschließlich vom religiös-dogmatischen Bereich besetzt, wenngleich er dort vorwiegend gebräuchlich ist. Er kann auch im säkularen Sektor gebraucht werden. Daher ist für den Verfasser überzeugender der Hinweis auf die im Zusammenhang stehenden dargestellten Begriffe selbst: die Hanse, das Reich und Bremen. Das Pfeilbündel selbst ist schon im 16. und 17. Jahrhundert als Attribut der Einheit (Condordia) in der Sinnbildkunst bekannt gewesen. Der Ausdruck „trinitas", zusammengesetzt aus „tres" und

Das Bremer Wappen mit Petrus-Schlüssel und Anker

Der Reichsadler mit Eichenlaub

Das Hansewappen mit Hermesstab und zwei Seeschlangen

„unitas“ bezeichnet drei Elemente gleicher Qualität, die zu *einem* Neuen vereinigt worden sind, aber in gewisser Weise ihre Eigenständigkeit beibehalten. Dem auf Unabhängigkeit und Eigenartigkeit bedachten Bremen entsprechend könnte daher die Wortwahl „trinitas“ angemessener sein als „unitas“, in der die Teile nicht mehr enthalten sind. Die dreifache Umwicklung mit einer Schnur könnte nach der Meinung des Verfassers auf ein Zitat aus den Büchern der Lehrweisheiten im Alten Testament hinweisen (Buch Kohelet 4,12: „Und wenn jemand einen einzelnen auch überwältigt, zwei sind ihm gewachsen, und eine dreifache Schnur reißt nicht so schnell“).

Im Zwickel der von zwei (See-)Schlangen umwundene Hermesstab (Hermes, Schutzpatron der Kaufleute).

In die Holzverkleidung der vier Fensterpfeiler sind in der uns gewohnten zeitlichen Reihenfolge von links nach rechts die geschnitzten Darstellungen der vier Jahreszeiten eingearbeitet.

Der Frühling: ein lächelndes Kind (werdendes Leben) mit Maiglöckchen (Maiglöckchen sind oft auch in Krippenbildern zu finden, „Geburt des Heils“).

Der Sommer: eine Frauengestalt (hindeutend auf das Sternkreiszeichen im Sommer: Jungfrau?) mit Sichel und Getreideähren (möglich auch auf Ceres, die röm. Göttin des Ackerbaues, hindeutend). Sonnenblumen weisen auf den hohen Sonnenstand hin.

Der Herbst: eine Männerbüste in der Form des Bacchus, nach der griechischen Mythologie der Gott des Weines und der Fruchtbarkeit, mit Weinglas und Weintrauben sowie Armbrust als Hinweis auf die herbstliche Jagd.

Der Winter: ältere menschliche Gestalt, in einen Mantel gehüllt, mit Feuerstelle und Wasserkessel (Hinweis auf Kälte) sowie einem Raben (Todesvogel). Es ist schwer zu erkennen, ob es sich bei der Gestalt um eine Frau oder einen Mann handelt. Gewöhnlich wird der Winter maskulin dargestellt. Sollte man eine alte Frau erkennen, könnte das eine Anspielung auf die Geschlechtszugehörigkeit der entsprechenden lateinischen Begriffe sein: Frühling (VER) – neutrum – das Kind; Sommer (AESTAS) – feminin – die

Frühling

Sommer

Herbst

Winter

Richterstühle im Schwurgerichtssaal

Frau; Herbst (AUTUMNUS) – maskulin – der Mann; und schießlich Winter (HIEMS) – feminin – die Frau.
Hinzuweisen ist noch auf die sich in den Zwickeln während der Jahreszeiten entwickelnden Rosenzweige von der Knospe über die Blüte zur Hagebutte und schließlich zum abgestorbenen Dornengestrüpp.
Die Beschreibung wäre unvollständig, wenn nicht auch auf den Zusammenhang aller vier Wandikonologien hingewiesen würde. Der Kunstpädagoge Gramatzki hat den Zusammenhang von Sünden, Tugenden, Tierkreiszeichen und Jahreszeiten, der u. a. auch an der Fassade des Rathauses gefunden werden kann, sehr trefflich beschrieben: „Wie Gott den Lauf der Gestirne bestimmt, so bestimmt er auch den Gang des menschlichen Schicksals. Schon seit alters her hat die Astrologie beides miteinander in Verbindung gebracht. So erscheint es nicht als Zufall, daß die Darstellungen der Tierkreiszei-

Die Rückenlehnen der Richterstühle im Schwurgerichtssaal enden in kunstvoll geschnitzten Löwenköpfen

Fluransicht heute, 2. Stock

Eingangstür eines Dienstzimmers

chen und der Tugenden auch räumlich eine enge Beziehung aufweisen."

8.4. Das Mobiliar

Zum Abschluß des Rundgangs sollte ein Blick auf die nur teilweise noch – in den Sälen meist – komplette Möbeleinrichtung nicht vergessen werden.
Alle Bänke, Stühle, Sessel und die einbauartigen Tresen und Absperrungen in den Sälen sind aus massivem Eichenholz angefertigt und bis ins Detail sorgfältig verarbeitet und verziert. Es ist ebenso an die Vertiefungen für früheres Schreibgerät und Tintenfaß gedacht, wie an die Hervorhebung der Richterstühle. Letztere tragen häufig die eingeschnitzte Ermahnung an die Richter:
FVERCHTE GOTT / SCHEVE NIEMAND / THVE RECHT.
Auf die dabei zum Ausdruck kommende Stellvertretertätigkeit des Richters wurde bereits bei der Betrachtung der Deckenlampen im Schwurgerichtssaal hingeweisen.
Einige Dienstzimmer sind ebenfalls noch vollständig erhalten. Zur Einrichtung für ein Richter-/Staatsanwaltszimmer gehörten jeweils ein großer Schreibtisch mit Ledereinsatz, Garderobenschrank, Bücherschrank (mit Bleiverglasung), Aktenregale und eine Sitzgruppe mit Tisch, Stühlen und Sofa. Mit Ausnahme der Aktenständer und Schränke sind die übrigen Teile mit echtem Lederbesatz und großen Ziernägeln versehen. Das verzierte Leder trägt in der Regel eine Prägung mit dem kleinen Bremer Wappen (Schlüssel). Wenn diese Büromöbel auch unseren heutigen ergonomischen Anforderungen längst nicht mehr entsprechen – und in früheren Jahren leider überwiegend gegen nicht bessere Furnierholzmöbel ausgetauscht wurden –, erfreuen sich die wenigen Reststücke heute neben Computer und Bildschirm wieder großer Beliebtheit. Man muß ja nicht gerade einen durchgesessenen und schweren, unbeweglichen Ledersessel als Computersitzmöbel benutzen!
Die zahlreichen Lampen in den Sälen, Fluren und Zimmern sind ebenfalls sehenswert. Sie reichen vom Messingleuchter flämischer Art bis zu nach romanischen Vorbildern gestalteten großen und kleinen Ampeln.

IX. Kriegszustände

Kriegsereignisse und deren Auswirkungen

9.1. Nationalsozialismus

Das Jahr 1995 ist für das 100jährige Gerichtshaus nicht nur ein Jubeljahr. Erinnerungen, Filmbeiträge und Dokumentationen anläßlich des Kriegsendes vor 50 Jahren zeigen zu deutlich das Unrecht des bis 1945 andauernden Nationalsozialismus'. Von der Diktatur war nicht zuletzt auch die Justiz betroffen. Bremen blieb davon nicht verschont. Die Rede ist hier von dem Sondergericht am Landgericht Bremen, das im Alten Gerichtshaus tagte. Der Senator für Justiz und Verfassung hat soeben den dritten Band seiner Dokumentation über die Auswertung der Akten des Sondergerichts Bremen unter dem Titel *Strafjustiz im totalen Krieg* vorgelegt. Eine der wenigen (wenn auch späten) Versuche in der Bundesrepublik, das nationalsozialistische Unrecht in der Justiz zu dokumentieren und die archivierten Akten selbst als mahnendes Denk(-)mal zu präsentieren. Das war deshalb möglich, weil die Akten in Bremen im Gegensatz zu den meisten Sondergerichten noch vorliegen und nicht von den früheren Machthabern oder von schlechtem Gewissen geplagten Justizpersonen vernichtet worden sind.

Da es uns nicht gleichgültig sein kann, daß in diesem Hause mit der Widmung „Dem Rechte zum Schutz – dem Boesen zum Trutz ..." durch ein Sondergericht überwiegend „Recht gesprochen" wurde, das den Namen nach unserem heutigen Rechtsempfinden nicht verdiente, ist es erforderlich, bei der Beschreibung des Gerichtshauses auch auf diese unrühmliche Zeit der „Deformation der Rechtspflege" einzugehen. Allerdings kann dieses Thema an dieser Stelle nur in einer stark verkürzten Schilderung angesprochen werden und nur soweit das Gerichtshaus oder die Gerichtsorganisation selbst davon berührt worden sind.

Was haben wir uns unter einem Sondergericht vorzustellen? Die Einrichtung von Sondergerichten begann zunächst bei den Oberlandesgerichten im März 1933, kurz nach der Machtergreifung der Nationalsozialisten. Für Bremen war das Hanseatische Oberlandesgericht in Hamburg zuständig. Bereits am 7.4.1933 wurden auch rassenpolitische Konsequenzen gezogen und durch das Berufsbeamtengesetz personelle Ausgrenzungsmaßnahmen getroffen. Bremen soll das im Justizdienst angeblich weniger getroffen haben, wie aus einer Pressemitteilung des Landesjustizkommissars als „Justizsenator" schon am 31.3.1933 hervorgeht: „Jüdische Richter, Staatsanwälte und Amtsanwälte haben wir in Bremen nicht." Der Vorgang sollte aber weitere Auswirkungen auf die Anwaltschaft und Laienrichter haben. Gerichtssäle wurden immer mehr zur politischen Bühne degradiert. Im Reichsjustizministerium wurde ein ehemaliger Rechtsanwalt aus Kassel zunächst zum Staatssekretär und später zum Präsidenten des Volksgerichtshofs ernannt. Sein Name sollte in die deutsche Justizgeschichte als der Inbegriff des nationalsozialistischen Justizterrors („Blutrichter") werden: Dr. Roland Freisler. Eben dieser Freisler – noch als Staatssekretär auch für die Personalverwaltung zuständig – sprach im Schwurgerichtssaal in Bremen am 4.5.1936 zur Amtseinführung des Landgerichtspräsidenten Dr. Karl Rüther „in ausführlicher Rede über die Aufgaben der deutschen Rechtsreform" seit der Machtübernahme (Bremer Nachrichten, 5.5.1936).

Sinn der Sondergerichte war es vor allem, die innere Sicherheit zu gewährleisten. Strafgerichte reichten den Machthabern nicht aus. Es sollte die „innere Front" durch eine spezielle Kriegsmaschinerie gestärkt werden. Zur Verhinderung von Plünderungen, zur Sicherung der für die Kriegführung notwendigen Rohstoffe und zur Abwendung einer Schwächung der Wehrkraft wurden nicht nur bestehende Strafgesetze verschärft, sondern auch neue Straftatbestände geschaffen. Sinn war eine schnelle Aburtei-

Schwurgerichtssaal mit Hakenkreuzfahnen und Führerbild. Am Rednerpult: Staatssekretär Dr. Freisler, späterer berüchtigter Präsident des Volksgerichtshofes

lung und Abschreckung. Es gab keine Rechtsmittel, die Verteidigerrechte wurden beschnitten, Laienrichter waren ausgeschlossen, die Vollstreckung hatte schnell und wirkungsvoll zu erfolgen.
Man nannte die Sondergerichte deshalb auch die „Panzertruppe der Rechtspflege".
Die Sondergerichte bei den Landgerichten wurden erst, nachdem Bedeutung und Umfang der den Sondergerichten zugedachten Strafverfahren mit Beginn des Krieges zugenommen hatten, durch Allgemeine Verfügung vom 11. 3. 1940 eingerichtet. Das Sondergericht Bremen tagte regelmäßig im Strafkammersaal des Landgerichts, Zimmer 231. Während es sich anfangs vornehmlich mit den sog. Rundfunkverbrechen befaßte (das „Verbrechen" war verbotenes Hören ausländischer Sender), folgten Verfahren nach dem Heimtückegesetz (so z. B. abwertende Äußerungen oder Witze über Staat und Partei). Bei Fortdauer des Krieges traten die Aburteilungen der allgemein-kriminellen Straftaten in den Mittelpunkt, zu denen insbesondere die Verfahren gegen sog. Volksschädlingsverbrecher gehörten (z. B. Plündern, Brandstiftung, Betrügereien, Postdiebstahl usw.). Dabei enthielt § 4 der VO gegen sog. Volksschädlinge eine besondere Verschärfung der angedrohten Sanktionen bei Taten, die unter Ausnutzung der durch den Kriegszustand verursachten außergewöhnlichen Verhältnisse begangen wurden, nach dem „gesunden Volksempfinden". Das Anziehen gefundener alter Schuhe auf einem Trümmergrundstück während Aufräumarbeiten durch Kriegsgefangene oder Fremdarbeiter konnte beispielsweise als Plündern ausgelegt werden und mit der nachfolgenden Bestrafung als Volksschädling enden.

Amtseinführung des Landgerichtspräsidenten Dr. Rüther (1936). Stehend Regierender Bürgermeister Heider, rechts davon der Präsident des Hanseatischen Oberlandesgerichts Senator Rothenberger und Staatssekretär Dr. Freisler, Landgerichtspräsident Dr. Rüther und Präsident Dr. Fricke, der dienstälteste Landgerichtsdirektor

Einen breiten Raum nahmen auch die sog. Kriegswirtschaftsverbrechen ein (z. B. Verfahren in Verbindung mit Bezugsberechtigungen – insbesondere Unregelmäßigkeiten mit Lebensmittelmarken –, Warenlieferungen, Preisvorschriften oder der verbotene Handel oder Verbrauch von Lebensmitteln – worunter auch das verbotene „Schwarz-" Schlachten fiel). Die Zuständigkeiten konnten beliebig erweitert werden, wenn durch die Tat(en) bestimmte Umstände durch den Kriegszustand erfüllt waren, z. B. der Diebstahl von Feldpostpäckchen, Sabotage, Gehorsamsverweigerung oder Wehrkraftbeschädigung. Mag der Sinn einer besonderen Strafverfolgung, z. B. des Diebstahls während eines Fliegeralarms oder im Schutz der angeordneten Verdunkelungszeit, noch nachvollziehbar sein, traten jedoch sowohl Richter als auch Staatsanwälte nach der Errichtung der Sondergerichte plötzlich in einer Art und Weise in Erscheinung, die heute zumindest weitgehend Kopfschütteln, überwiegend jedoch wohl Protest hervorrufen würde. Je ernster die allgemeine kriegerische Lage war, desto unberechenbarer und „präventiver" wurden die Maßnahmen und Strafen. So auch in Bremen. Da ist von einem Todesurteil wegen Diebstahls von sieben Holzbrettern auf einer Bunkerbaustelle zu lesen. In einem anderen Fall wird festgestellt, daß nach Auffassung des Gerichts die negative Charakteranlage des Verurteilten in erster Linie zurückzuführen sei auf das von dessen Vater her stammende jüdische Blut. Im Fall eines polnischen, jugendlichen Brandstifters sind trotz der immer wieder betonten Kindlichkeit des Täters keinerlei Hinweise zur Entlastung durch Staatsanwalt oder Richter erkennbar (Jugendrecht komme für einen Ausländer nicht zur Anwendung!); Todesstrafe ist die Folge. Todesurteile wurden durch Plakataushang publik gemacht. Die Hinrichtungen erfolgten in Hamburg in Anwesenheit eines Bremer Staatsanwalts. Kosten für die Gerichtsverhandlung, Plakatanfertigung, Kopfgeld des Scharfrichters usw. mußten die Angehörigen bezahlen. Es gab auch – seltener – Freisprüche und Geld- und Freiheitsstrafen, z. B. ein Jahr Gefängnis für die Entwendung von 25 Zigaretten aus einem Einschreibebrief durch eine Postfacharbeiterin. Fünf Jahre Zuchthaus erhält eine Hausangestellte, die Arbeitgeber und Kunden bestohlen hatte. Aus anderen Urteilen mag wenigstens manchmal der Versuch erkannt werden, mit Hilfe juristischer Formulierungen eine an sich verwirkte Todesstrafe nicht auszusprechen. Das scheint aber von Fall zu Fall unterschiedlich gewesen zu sein. Dabei spielten insbesondere die Herkunft der Täter und das Ergebnis der zuvor stattgefundenen und aktenkundigen Absprachen mit dem Gericht und Oberlandesgerichtspräsidenten in Hamburg eine bedeutende Rolle. Aktenvermerke über eigene Einschätzungen durch Gerichtspersonen sind ebenfalls aufschlußreich: „Die Strafen werden immer wahnsinniger!" (Terminvermerk eines Staatsanwalts nach einem Urteil über vier Jahre Zuchthaus – er hatte „nur" drei Jahre beantragt). Oder die Notiz „er habe einen Antrag auf Todesstrafe nur auf Anweisung, nicht aus eigener Initiative gestellt".

Bei der Mehrzahl der in der oben genannten Veröffentlichung beschriebenen 536 Verfahren des Sondergerichts Bremen gewinnt man deshalb den Eindruck, daß die zuständigen Juristen sich im Rahmen des (nationalsozialistischen) Gesetzeswerkes mit den üblichen juristischen Spitzfindigkeiten bewegten. Sie „pflegten" das Recht im nationalsozialisten Geist und fühlten sich dem ihnen zugedachten Kampfauftrag auch verpflichtet. In ihren Urteilen – so die Dokumentation – sei erkennbar, daß sie sich ihrer zugedachten Aufgabe, die Stabilität der Heimatfront zu sichern, bewußt waren und auch glaubten, daß sie sich nichts vorzuwerfen hätten.

Eine naheliegende Aktenvernichtung bei Kriegsende beispielsweise ist – im Gegensatz zu den Akten der Gestapo in Bremen – unterblieben. Von zwei Richtern liegen sogar Selbstzeugnisse über ihre Tätigkeit vor, die erkennen lassen, daß sie die Rolle des Richters im Dritten Reich willentlich wahrgenommen haben und sich mit ihr identifizierten.

Die nachstehende Übersicht veranschaulicht die Zahl der Verfahren und die verhängten Strafen bzw. Freisprüche des Sondergerichts Bremen (Auszug aus der o. g. Dokumentation):

Zahl der Verfahren		536
Zahl der Angeklagten		911
männlich	680	
weiblich	231	
deutsch	738 (minderjährig: 23)	
ausländisch	173 (minderjährig: 42)	
Todesstrafe		55
vollstreckt	43	
begnadigt	4	
im Wiederaufnahmeverfahren abgeändert (vor Kriegsende)	1	
Suizid	2	
wegen Kriegsende nicht vollstreckt	5	
Zuchthaus		319
Gefängnis		380
Straflager		11
Jugendstrafe von unbestimmter Dauer		1
Geldstrafe		83
Freispruch		108
Einstellung		7
Verfahren nicht abgeschlossen		12
nicht ersichtlich		2
Sachverständigengutachten zur Frage der Schuldfähigkeit		20

Ein Schicksal – stellvertretend für andere – ist unter dem Titel „Das Heimweh des Walerjan Wróbel" von dem Hochschullehrer für Rechts- und Sozialgeschichte an der Universität Bremen Christoph U. Schminck-Gustavus in einem Buch dokumentiert und danach sogar verfilmt worden. Es handelt sich um einen vom Sondergericht Bremen zum Tode verurteilten jugendlichen polnischen „Fremdarbeiter", der während des Zweiten Weltkrieges zum „Arbeitseinsatz" nach Deutschland gebracht worden war und auf einem Bauernhof bei Bremen aus Heimweh in einer Scheune Feuer gelegt hatte in der Hoffnung, er werde zur Strafe nach Hause geschickt werden. Obwohl das Feuer entdeckt wurde, bevor es Schaden anrichten konnte, reichte diese Verzweiflungstat dem Gericht, den 16jährigen Jungen als Volksschädling zum Tode zu verurteilen und hinzurichten.

Vor dem Strafkammersaal, der Tagungsstätte des Sondergerichts Bremen, ist eine einfache Tafel zur Erinnerung an die Opfer der nationalsozialistischen Gewaltherrschaft angebracht:

Erinnerung an die Opfer
Während der nationalsozialistischen Gewaltherrschaft wurden in diesem Gebäude 54 Menschen von dem Sondergericht Bremen zum Tode verurteilt. Schnell wurden sie vergessen - einer von ihnen war der erst 17 Jahre alte Pole Walerjan Wróbel.
Ihr Leiden mahnt uns

Es läuft inzwischen eine Initiative zur Aufstellung eines Mahnmals im Innenhof des Gerichtshauses und/oder einer auffälligeren Gedenktafel an dieser Stelle.

Das Urteil des Sondergerichts im Fall des Walerjan Wróbel ist inzwischen nachträglich vom Landgericht Bremen am

26.11.1987 auf Antrag der Schwester des Verurteilten und der Staatsanwaltschaft wieder aufgehoben worden (16 AR 59/87). Dadurch kann zwar kein Leben, wohl aber Genugtuung gegenüber den Angehörigen geübt und Unrecht formell korrigiert werden. Die Diskussion nach Rehabilitierung – immerhin bereits 50 Jahre nach Kriegsende – hat aber gerade erst begonnen. Während bei Kriegsende noch nicht vollstreckte Strafen einer Überprüfung und regelmäßig einer Korrektur (Höhe und/oder Art der Strafe) unterzogen wurden, hat man mit den bereits vollstreckten Todesurteilen lange Zeit gebraucht, bis entsprechende Anträge der Staatsanwaltschaft von Amts wegen zur Überprüfung gestellt wurden. Von den Todesurteilen insgesamt sind seit Kriegsende deshalb formell erst 19 aufgehoben worden.

Eine im Rahmen des Nationalsozialismus weiterhin auffallende Rolle haben die im Zusammenhang mit der „Reichskristallnacht" in Bremen verbundenen kriminellen Übergriffe insbesondere der SA-Männer gehabt. Die Täter sind 1938 nur scheinbar zur Rechenschaft gezogen worden. Konsequenzen haben jedenfalls die durch das Oberste Parteigericht der NSDAP beauftragten Sondersenate mit ihren Untersuchungen gegen die SA-Männer in keinem Fall gehabt. Die noch lebenden greifbaren Täter in Bremen wurden aber nach 1945 im Gerichtshaus zur Verantwortung gezogen. In zwei Fällen kam es zur Anklage wegen der Ermordung bremischer Bürger und Bürgerinnen jüdischer Herkunft in jener Nacht. In beiden Verfahren ist es zur Verurteilung gekommen, wobei das der bremischen Bevölkerung zu milde erscheinende Urteil in erster Instanz gegen die einstigen SA-Männer Wilhelm und Ernst Behring zu einem Proteststurm in der Öffentlichkeit geführt hat. Die Staatsanwaltschaft hatte am 24.2.1946 Anklage wegen Mordes an dem jüdischen Mitbürger Heinrich Rosenblum erhoben. Das Landgericht Bremen verurteilte die beiden SA-Männer am 2.5.1947 im Schwurgerichtssaal Zimmer 218 aber lediglich wegen Totschlags zu acht bzw. sechs Jahren Zuchthaus, unter Anrechnung der fast zweijährigen Untersuchungshaft. Die zu milde erscheinende Strafe löste in weiten Bevölkerungskreisen Richterschelte aus. Außerdem war bekannt geworden, daß der Vorsitzende der drei Berufsrichter seit 1937 der NSDAP angehört hatte und als Kriegsgerichtsrat zur besonderen Verwendung außerdem Mitglied des „Stahlhelms" und anderer NS-Organisationen gewesen sein soll. Es wurde kritisiert, das Gericht habe versucht, Gesinnungsgenossen von einst durch ein mildes und unverständliches Urteil herauszupauken. Vom Hafen und von den Fabriken waren nach einer Meldung des Weser-Kuriers vom 10.5.1947 der Ton der Sirenen zu hören, der Stillstand von Straßenbahnen und Kraftfahrzeugen für fünf Minuten zu vermerken und Protestakte in sämtlichen großen und kleinen Betrieben und Baustellen zu beobachten. Aus einer an demselben Tag stattfindenden demonstrativen Kundgebung von SPD, KPD und der VVN (Vereinigung der Verfolgten des Naziregimes) auf dem Domshof sollte aus den Redebeiträgen und der großen Anteilnahme der Bevölkerung die Verurteilung der tendenziösen Rechtsprechung deutlich werden, „damit die Welt nicht glaube, das deutsche Volk sei mit dem Urteil einverstanden". Es wurde von „getarnten Nazirichtern" gesprochen, die weiterhin eine „Rechtsprechung nach dem gesunden Volksempfinden" in Nazimanier statt nach dem gesunden Rechtsempfinden des Volkes fortgeführt hätten. Die Diskussion löste außerdem die Forderung der Wiederzulassung des von den Nazis beseitigten Laienrichtertums aus (Weser-Kurier vom 7.5.1947). In der Revisionsinstanz kam es zur Aufhebung des Urteils durch das seit dem 15.7.1947 wieder in Bremen eingerichtete Hanseatische Oberlandesgericht, was eine neue Verhandlung vor dem Schwurgericht (inzwischen unter Hinzuziehung der wieder zugelassenen Laienrichter) zur Folge hatte. Am 16.9.1948 endete das Verfahren mit einer Verurteilung gegen die Brüder Behring zu zwölf Jahren bzw. acht Jahren Zuchthaus unter Aberkennung der bürgerlichen Ehrenrechte für zehn bzw. sechs Jahre.

Die Ausgrenzung der bremischen Anwaltschaft, die jüdischer Herkunft war, ist ein weiteres trauriges Kapitel der nationalsozialistischen Zeit, die ausführlich in Veröffentlichungen der Hanseatischen Rechtsanwaltskammer Bremen dargestellt ist und auf die zu verweisen ist. Der Vorgang findet bei der Vorstellung des Gerichtshauses auch deshalb Beachtung, weil die Anwaltschaft an der Stätte ihres Wirkens zum Eingang ihres Anwaltszimmers Nr. 114 in der 1. Etage gegenüber den Zivilsitzungssälen inzwischen eine Steinplatte zur Mahnung mit folgender Inschrift angebracht hat:

> ZUM GEDENKEN AN UNSERE UNTER DEM ZWANG DES NATIONALSOZIALISMUS AUS DER ANWALTSCHAFT AUSGESCHIEDENEN KOLLEGEN JÜDISCHER HERKUNFT
>
> DR. RICHARD HAMBURGER
> DR. HERMANN LEHMANN
> DR. ALEXANDER LIFSCHÜTZ
> DR. WILHELM NOLTING-HAUFF
> DR. WALTER REIFENBERG
> DR. IGNATZ ROSENAK
> ADOLF SPÜREI
>
> DIE BREMISCHE RECHTSANWALTSCHAFT

9.2. Zerstörungen

Das Haus hat den letzten Krieg mit seinen gerade in Bremen verheerenden Folgen erstaunlich gut überstanden, aber doch auch einige baulichen Blessuren mitbekommen.
Die älteren Bremer werden sich an die seitlich in das Erdgeschoß nebst Keller an der Ostertorstraße eingeschlagene Bombe erinnern. Im Keller befand sich ausgerechnet ein Luftschutzraum, wodurch mehrere Tote zu beklagen waren, weil der Angriff tagsüber erfolgte. Dadurch in Mitleidenschaft gezogen wurde auch die Beweisstückstelle der Staatsanwaltschaft. Zahlreiche Beweisstücke wurden vernichtet. Das soll auch (erfreulicherweise?) dem Sondergericht einige Probleme bereitet haben. Noch heute sind an der Straßenfront der Ostertorstraße die Ausbesserungsarbeiten dieses Bombeneinschlags farblich deutlich sichtbar.
Es ist erstaunlich, daß bei den 173 Luftangriffen und der zu 62 % zerstörten Stadt Bremen das Gerichtshaus vor stärkeren Einschlägen überwiegend verschont blieb. Gab es doch Angriffe, die über eine Stunde dauerten. Dabei warfen rd. 500 Flugzeuge Minen, Spreng-, Phosphor- und Stabbrandbomben in Unmengen ab. Eine Bombe hat nachts die von Gerichtspersonen zu stellende Brandwache nur erschreckt. Sie drang durch das Dach bis in den 1. Stock, explodierte aber nicht, sondern endete als sog. Ausbläser. Auch diese Ausbesserungsarbeiten im Terrazzofußboden im Flur des 1. und 2. Stocks an der Ostertorstraße sind noch deutlich zu erkennen. Der heute noch sichtbarste Schaden trat nach Auskunft des damaligen Luftschutzwarts am 6. 10. 1944 durch eine Brandbombe am sog. Ostturm (der im zweiten Bauabschnitt gebaut wurde, s. Abbildung unter Abschnitt 4.2.) ein. Der Turm wurde damals zwar nicht völlig zerstört, brannte aber aus und mußte später abgetragen werden. Im Dachgeschoß sind die verkohlten Balken ebenfalls noch zu sehen. Mehr Schäden durch Brandbomben konnten durch die umsichtige Vorsorge der Gerichtspersonen verhindert werden. Man hatte auf dem Dachboden Sandschichten – über dem Schwurgerichtssaal sogar Steinplatten – aufgebracht, so daß verschiedene Stabbrandbomben, ohne daß sie Schaden anrichteten, schon dort erloschen.
Durch beherztes Eingreifen konnte ebenfalls ein größerer Dachstuhlbrand, der an der Seite Ostertorstraße schon bis zum Strafkammersaal vorgedrungen war, gelöscht werden.
Ein Eingriff kam übrigens nicht durch „Feindeinwirkung“ zustande: Das ganze Kupferdach wurde entfernt. Es fiel am 16. 7. 1942 der schon am 24. 4. 1940 verordneten Metallmobilmachung zum Opfer. Es folgte dann zunächst ein Pappdach, dieses wurde später durch eine Schiefereindeckung ersetzt.
Eine deutliche Veränderung erfolgte am Hauptportal. Das Hitlerregime wollte die (alttestamentarischen) Zehn Gebote, die bekanntlich ein Hauptstück christlichen Glaubens und christlicher Sittenlehre bilden (2. Mos. 20,2-17), an dieser Stelle beseitigt wissen. Am 26. 2. 1936 sollten sie „auf höhere Anordnung hin entfernt werden“. Der voraussehende Steinmetzobermeister in Bremen setzte jedoch – mit oder ohne Zustimmung der beteiligten Personen des Gerichts und Hochbauamts ist nicht bekannt – einfach dünne Steinplatten davor. Am 17. 9. 1945 schrieb ein Bremer Bürger

Nach dem Einschlag der Bombe an der Ostertorstraße

Der inzwischen abgetragene Ostturm nach dem Einschlag der Brandbombe

– der offensichtlich Bescheid wußte – einen Brief an den damaligen Bürgermeister Kaisen. Darin bat er, die Steinplatten vor den Zehn Geboten am Gerichtshaus zu entfernen, damit *„durch die Freilegung der Heiligen Zehn Gebote Gottes am Gerichtsgebäude öffentlich zum Ausdruck gebracht wird, daß auch in unserer Stadt wieder Recht und Gerechtigkeit, so wie es in Gottes Geboten so klar und eindeutig zum Ausdruck gebracht wird, für alle Menschen gilt“*. In dem Brief heißt es weiter: *„Es wurde von den für den Bau verantwortlichen Männern zum Ausdruck gebracht, daß wahres Recht und wirkliche Gerechtigkeit einzig und allein dort verkündet und geübt werden kann, wo man sich an diese göttlichen Gebote unbedingt gebunden weiß.“* Beigefügt war ein Scheck über 1000 RM für die Bremer Volkshilfe. Bürgermeister Kaisen dankte am 19.9.1945 für den Hinweis und ordnete nach Zustimmung des amerikanischen Gerichtsoffiziers die Entfernung der vorgehängten Tafeln durch das Hochbauamt an, was auch unverzüglich geschah.

Über den ganzen Vorgang berichteten später die Bremer Nachrichten am 6.1.1950 passend zum Tag der „Erscheinung des Herrn!“: *„Die Zehn Gebote, des Weltweisen Moses kurzgefaßtes Gesetz, die in kleinen Nischen an unserem Gerichtsgebäude nach der Domsheide zu angebracht sind, erregten 1933* (richtig 1936, Anm. Verf.) *den Zorn irgendeines Gewaltigen, wobei offenbleiben mag, ob er es tat, weil er nicht gern an seine eigenen Verstöße gegen diese Forderungen erinnert werden wollte, oder weil die ewige Wahrheit dieser Worte mit den Ansichten seiner neuen Lehre in gar zu krassem Widerspruch standen. Jedenfalls beauftragte er den Obermeister der ehrbaren Steinmetzen, die Schriftplatten sofort zu vernichten. Der kniff das rechte Auge zu, schob den Kalabreser nach hinten und brummte mißvergnügt: ‚Jo, dann schall dat wol so sien!‘*
Am anderen Tage ließ er ein mächtiges Gerüst aufrichten, denn an der Wand konnten seine Gesellen ja nicht hochklettern, und als bald danach die Fassade wieder frei war,

waren die Zehn Gebote, wie befohlen, verschwunden. Beifällig aufgenommen wurde die Maßnahme freilich nicht. Aber wenn einer dem Steinmetzen darüber Vorhaltungen machen wollte, dann grinste der fröhlich vor sich hin, schob die Zigarette von links nach rechts und ging wortlos davon.
Und wie es nun der Zufall wollte, war dieser würdige Meister noch am Werken, als Bremen besetzt und in der Stadt wieder Ordnung geschafft wurde. Bei dieser Gelegenheit verlangte man von ihm die sofortige Wiederanbringung der Zehn Gebote. Kosten sollten keine Rolle spielen. Nur schnell mußte es gehen.
Der Steinmetz kniff das rechte Auge zu, schob den Kalabreser nach hinten und nickte vergnügt: ‚Jo, dann schall dat wol so sien!' Und zum lebhaften Staunen aller Bremer glänzten am nächsten Tage bereits wieder die vertrauten Sprüche an der Fassade des Gerichtsgebäudes. Das war schon beinahe Hexerei, und manch einer wollte gar zu gern wissen, wie man das so schnell bewerkstelligt hatte. Aber wenn man den Meister fragte, wie er das fertiggebracht habe, dann grinste er fröhlich vor sich hin, schob die Zigarette von rechts nach links und ging wortlos davon.
Brauchten die Neugierigen denn alle zu wissen, daß er nur ein paar Platten vor die Gebote gehängt hatte? Er kannte doch seinen Herrgott und das alte Wort: ‚Denn tausend Jahre sind ihm wie ein Tag!'"

Die ebenfalls angeblich aus ideologischen Gründen des damaligen Regimes entfernte Justitia als Fensterschmuck im Treppenbereich des Gerichtshauses ist schon bei der Beschreibung der Aufgänge erwähnt worden.
Über dem Eingang zum Gerichtshaus, Ecke Buchtstraße und Ostertorstraße, befanden sich zumindest zwei Skulpturen. Diese sind nach einem Vermerk in den Senatsakten auf Anordnung des damaligen Oberlandesgerichtspräsidenten (Bremen gehörte damals zu dem Bezirk des Hanseatischen Oberlandesgerichts in Hamburg) 1935/36 entfernt worden, weil ein Anwohner der Ostertorstraße mitgeteilt hatte (wahrscheinlich im Zuge der Entfernung der Zehn Gebote), daß diese Ausschmückungen ebenfalls Anstoß erregen würden. Nach einem späteren Vermerk des Hochbauamtes vom 27. 10. 1945 soll es sich angeblich sogar um drei entfernte Figuren gehandelt haben. Offenbar kannte man deren Bedeutung nicht einmal und beseitigte vorsichtshalber nicht nur die Büste des auf das Judentum hindeutenden Moses, sondern auch zwei weitere Skulpturen, nämlich die des Solon und des Justinian. Moses ist das Sinnbild der Befreiung Israels aus ägyptischer Not, der Offenbarung Gottes durch die mosaische Gesetzeslehre und deren Vollstreckung – Zehn Gebote –. Solon war ein athen. Gesetzgeber. Die solonische Gesetzgebung begründete den athenischen Verfassungsstaat und wurde zum Vorbild für viele Verfassungen im griechischen Raum. Justinian war ein oströmischer Kaiser, der u. a. dem Rechtsleben eine feste Grundlage durch Aufzeichnung des gesamten römischen Rechts im Corpus Juris gab. Alle Figuren sind damals auf den Bauhof gekommen und dort durch Bombenabwurf zerstört worden.
An mehreren Stellen des Gerichtshauses waren Verzierungen und Mauerwerk durch Splitter und Beschuß leicht angekratzt und verstümmelt. Größtenteils sind die Schäden aber inzwischen restauriert bzw. ausgebessert worden, worauf im Abschnitt X. „Hausputz" näher eingegangen wird.

9.3. Besiegt – Befreit – Belastet

Das Haus war nach dem Krieg voll funktionsfähig – nach dem, was unter nationalsozialistischem Recht kurz vorher als „rechtmäßig" angesehen worden war, schon fast eine beängstigende Feststellung! Das sahen die alliierten Streitkräfte offenbar ebenso. Alle deutschen Gerichte wurden bis auf weiteres geschlossen. Durch die schon vor der Kapitulation erlassene Proklamation Nr. 1 des Obersten Befehlshabers der alliierten Streitkräfte (General Eisenhower) wurde für das von den Westmächten besetzte deutsche Gebiet auch die höchste rechtsprechende Gewalt auf den Obersten Befehlshaber der alliierten Streitkräfte übertragen. Dafür wurden Militärgerichte eingerichtet. Die spätere Aufnahme neuer Tätig-

Militärfahrzeuge vor dem Gerichtshaus

keiten aller Gerichte der ordentlichen Gerichtsbarkeit und der Verwaltungsgerichtsbarkeit war von der Ermächtigung durch die Militärregierung abhängig. Bis zur Wiedereröffnung der deutschen Gerichte übten die Gerichte der Militärregierung gewissermaßen eine Ersatzgerichtsbarkeit aus („Die Organisation der ordentlichen Gerichte in der Enklave Bremen" von Dr. Dr. Walther Richter). Britische Armeeverbände hatten Bremen eingenommen. Das Besatzungsgericht ergriff deshalb vom Gerichtshaus an der Domsheide sogleich Besitz. Am 26. 4. 1945 wurde das Gerichtshaus mit anderen öffentlichen Gebäuden demzufolge zunächst durch englische Besatzungstruppen besetzt. Wenige Tage später aber schon übernahmen amerikanische Einheiten die Innenstadt und die Außenbezirke Bremens, da die amerikanische Armeeführung Interesse an den Häfen Bremen und Bremerhaven als Nachschubbasen für ihre in Süddeutschland gelegenen Verbände unter den Alliierten bekundet hatte. So wurde das Gerichtshaus von den Amerikanern übernommen und an die Türen der Hoheitswert mit Kreide gekennzeichnet: *„Out of bounds"*.

Die innerhalb des sonst in Nord- und Westdeutschland als britische Besatzungszone deklarierte Einvernahme nannte sich in Bremen „Office of Military Government for Bremen Enclave (US)", eine amerikanisch befehligte Enklave. Da die Amerikaner schon in der Enklave Bremen mit dem Wiederaufbau der Rechtspflege begannen, wurde Dr. Spitta bereits am 4. 6. 1945 zum Justizsenator berufen. Ihm wurde, wie jedem Senator, ein Offizier der Militär-Regierung als „Berater" zugeordnet, der in allen wichtigen Angelegenheiten zu beteiligen und zu fragen war. Mit den Aufgaben eines Präsidenten des Landgerichts wurde der Rechtsanwalt Dr. Diedrich Lahusen am 15. 6. 1945 durch Dr. Spitta beauftragt. Auf Anordnung der US-Militärregierung vom 21. 6. 1945 wurden am 27. 6. 1945 das Landgericht und das Amtsgericht Bremen in einem Festakt im Schwurgerichtssaal des bremischen Ge-

Vereidigung der Hilfsrichter und Notare vor dem Besatzungsgericht

richtshauses in Anwesenheit hoher Vertreter der Militärregierung und des gesamten Senats wieder eröffnet.
In Bremen wurde zunächst versucht, die personellen Probleme durch Heranziehung einer verhältnismäßig großen Anzahl unbelasteter Rechtsanwälte als beauftragte Richter zu lösen. Diese Anwälte waren zum größten Teil nur halbtags richterlich tätig und führten im übrigen ihre Anwaltspraxis weiter, und zwar auch dann, wenn sie mit der Wahrnehmung leitender Positionen in Justiz und Staatsanwaltschaft betraut waren. Wie sich später herausstellen sollte, ist im Laufe der Zeit eine „unbelastete Personenauswahl" nicht vollständig gelungen. Das unter Abschnitt 9.1. geschilderte „Behring-Urteil" ist nur ein Beispiel. Wenn man die weiteren Karrieren von Richtern und Staatsanwälten allein des Sondergerichts Bremen verfolgt, mag mancher von dem Ergebnis in nicht wenigen Fällen verwundert sein. Danach war es sogar möglich, daß ein Staatsanwalt des Sondergerichts die Entnazifizierungshürden überwand und wieder in „Amt und Würden" gesetzt wurde. Bereits zehn Jahre nach Kriegsende sollte er sogar das politische Amt des Justizsenators für vier Jahre erhalten und war danach noch Vizepräsident der Bremischen Bürgerschaft!

X. Hausputz

Restaurierungs- und Sanierungsarbeiten

10.1. Außenfassade Gerichtshaus

Ein hundertjähriges Haus bedarf laufender Restaurierungs- und Sanierungsarbeiten. Das ist normalerweise ein ganz selbstverständlicher und natürlicher Vorgang. Leider sind dafür aber für öffentliche Bausubstanz – jedenfalls im Justizressort – in den früheren Jahren nie ausreichend finanzielle Mittel bereitgestellt worden. Alterungsprozesse, Mauerrisse durch Bombendetonationen und Straßenbahnbau, Luftverschmutzung und aggressiver Regen auf die zahlreichen Sandsteinfiguren und -ornamente haben bis zu Zerstörungen durch Bombensplitter aber ihre Spuren hinterlassen. Das frühere Hochbauamt hatte nach den Generalakten des Landgerichts schließlich im Jahre 1980 eine Kostenberechnung für das Reinigen, Ausbessern und Imprägnieren der Fassade über dem Hauptportal erstellt (Schätzung damals noch 140 TDM). In den Folgejahren ist diese Maßnahme aber zunächst wieder mangels justizeigener Ressourcen unterblieben. Die Notwendigkeit von Sanierungsmaßnahmen wurde dann aber auch für andere Fassadenbereiche, z. B. für den Bereich des Uhrenturms, sowie für die über das Dach stehenden ehemaligen Schornsteine deutlich und mit Rücksicht auf Unfallgefahren durch abbröckelnden Fassadenschmuck und Figurenteile so sichtbar, daß 1984 bereits die Feuerwehr mit einer Steigleiter Figurenteile sichern mußte.

Ausweislich eines Schreibens des Landgerichtspräsidenten vom 13. 3. 1985 sollten schließlich Steinmetze unter Zuhilfenahme eines Hubwagens die Standfiguren am Hauptportal mit Kupferschellen an der Hausfront befestigen und lose Figurenteile entfernen und sicherstellen. Wegen der Unfallgefahr war in Erwägung gezogen worden, sogar eine Holzverschalung zumindest an der Portalseite zur Sicherung der Figuren zu errichten. Für eine grundlegende Sanierung wurden dennoch auch 1985/86 keine nennenswerten Mittel zur Verfügung gestellt. Lediglich der Kopf von Kaiser Otto und andere Figurenteile wurden durch rostfreie Stahlstifte gesichert. Mit der Bewilligung von Städtebauförderungsmitteln i. H. von 500 TDM und ergänzt durch fiskalische Komplementärmittel in gleicher Höhe wurden die Sanierungsmaßnahmen dann endlich 1987 begonnen.

Der bisherige Durchführungsstand bis 1994 ist nach Bauabschnitten auf die folgenden Jahre verteilt worden. Im einzelnen handelt es sich um den Abbruch von zwei baufälligen und nicht mehr benötigten Schornsteinen (das neue Amtsgericht versorgt u. a. auch das alte Gerichtshaus), um Reinigungs- und Sanierungsarbeiten am Uhrenturm, am Hauptportal mit den beiden flankierenden Rundtürmen und an der Fassade Violenstraße (1987). Während 1988 eine finanzielle Atempause eingelegt wurde, ermöglichten 1989 Städtebauförderungsmittel i. H. von 300 TDM und Haushaltsmittel in gleicher Höhe eine Fortsetzung der Sanierung. Betroffen waren der ehemalige Eingang Buchtstraße mit den Rundtürmen und Querbauten einschließlich Hofeinfahrt, die Fassadenteilstücke an der Ostertorstraße rechts und links vom Uhrenturm bis zum Rundturm Hauptportal bzw. bis zum Querbau. Weitere vier Teilabschnitte an der Ostertorstraße wurden 1990 gereinigt, saniert und restauriert. Außerdem wurden Maßnahmen zur Taubenvergrämung getroffen, da insbesondere die Sandsteinpartien durch die Verschmutzung der verwilderten Tiere aggressiv angegriffen werden. Deshalb wurden feine Netze gespannt, die einerseits die Optik nicht allzu sehr beeinflussen, andererseits das Anfliegen auf die vielen Skulpturen verhindern. Schließlich konnte die über zwei Meter hohe und 100 Kilo schwere Kupferspitze auf dem Turm an der Ostertorstraße wieder hergestellt werden. Sie wurde über die Kriegsjahre hinaus gerettet und ist der letzte Teil des ehemaligen Kupferdaches.

Fassadensicherung durch Feuerwehreinsatz

Wiederhergestellte Turmspitze am Uhrenturm

Reinigungs- und Sanierungsarbeiten an der Fassade

Ehemalige Wand- und Deckenmalereien um 1895

In den Jahren 1991 bis 1994 gab es leider für die Fassadensanierung keine zusätzlichen Fördermittel mehr, so daß eigene Haushaltsmittel zur Fortsetzung der Sanierungsmaßnahmen an der Ostertorstraße und Buchtstraße (Ecke Ostertorstraße) sowie am Brückenübergang im Innenhof zum Strafkammersaal Zimmer 231 ausreichen mußten. Für den Außenbereich wurden in den Jahren 1987 bis 1994 insges. 2,73 Mio. DM aufgewendet. Abgedeckt wurden dadurch Kosten für den Gerüstbau, Dachdecker-, Klempner-, Tischler-, Maler- und Steinmetzarbeiten. In den kommenden Jahren werden Mittel für die restlichen Brückenübergänge und für die Innenfassade auf der Hofseite erforderlich sein. Für 1995 ist eine Fortsetzung allerdings mangels finanzieller Mittel wieder nicht möglich.
Die Arbeiten werden jeweils in Abstimmung mit dem Landesamt für Denkmalpflege durchgeführt.

Es werden keine chemischen Mittel eingesetzt, die den Stein aufhellen. Auch Farbbeimischungen erfolgen nicht, um eine Wiederholung der Mauerwerksreinigung auf absehbare Zeit zu vermeiden. Im Wege der Reinigung werden zur Erhaltung der Gebäudesubstanz die aggressiven Ablagerungen lediglich mechanisch steinmetzmäßig bzw. durch Wasserberieselung auf dem Stein entfernt. Dabei ist zu beachten, welche Partien feucht und welche trocken zu behandeln sind. Die natürliche Patina des Sandsteins soll dabei als Schutz erhalten bleiben. Von besonderer Bedeutung ist die Restaurierung der stellenweise offenen oder ausgewitterten Fugen und teilweise losen oder abgerissenen Flanken.

10.2. Innenräume

Fördermittel der Stiftung „Wohnliche Stadt“ und eigene Haushaltsmittel von insges. rd.

700 TDM in den Jahren 1991 bis 1993 machten es möglich, größere Restaurierungsarbeiten im Innenbereich durchzuführen. Nach der Begutachtung des Landesdenkmalpflegers befindet sich die überwiegend aus der Zeit der Erbauung noch vorhandene Innenausstattung vor allem in den Sitzungssälen in einem schlechten Erhaltungszustand. Das ist nicht nur dem Versäumnis der vergangenen einhundert Jahre, sondern auch dem täglichen Sitzungsbetrieb zuzuschreiben, der vor allem das Mobiliar in den Sälen stark strapaziert hat. Betroffen sind in erster Linie die vier Strafkammersäle (Raum 231, 249, 253, 218) und der Schwurgerichtssaal (Raum 218) sowie die Wiederherstellung des zusätzlichen Sitzungssaales Raum 120.
Es würde den Rahmen dieses Buches sprengen, wollte man die vorhandenen Restaurierungsberichte nebst Fotos, die allein einen kleinen Ordner füllen, wiedergeben. Die Identifizierung der Objekte nimmt vor allem bei den Malereien einen breiten Raum ein. Alte Fotos, fachgerechte Freilegungstechniken und das Wissen erfahrener Restaurateure sind wichtige Voraussetzungen, um zum erhofften Erfolg zu kommen.
Im Strafkammersaal (Raum 231) wurde im Rahmen von Restaurierungsarbeiten im Jahre 1992 lange Zeit über Details der Wandbemalung auf der Zuschauerseite gerätselt. Seinerzeit konnte lediglich auf ein bekanntes Archivfoto der gegenüberliegenden Seite mit einem verzierten Wappen hingewiesen werden, das unter Abschnitt 8.3. in diesem Buch wiedergegeben ist. Ende 1994 wurde schießlich bislang unentdecktes Archivmaterial im Focke-Museum gefunden, das nunmehr auch die andere Stirnseite des Saales dokumentiert. Mit der Lupe ist auf dem Original auch das Spruchband zu lesen, das den Restauratoren bis dahin rätselhaft geblieben war, weil nur einige Buchstaben als Fragmente freigelegt werden konn-

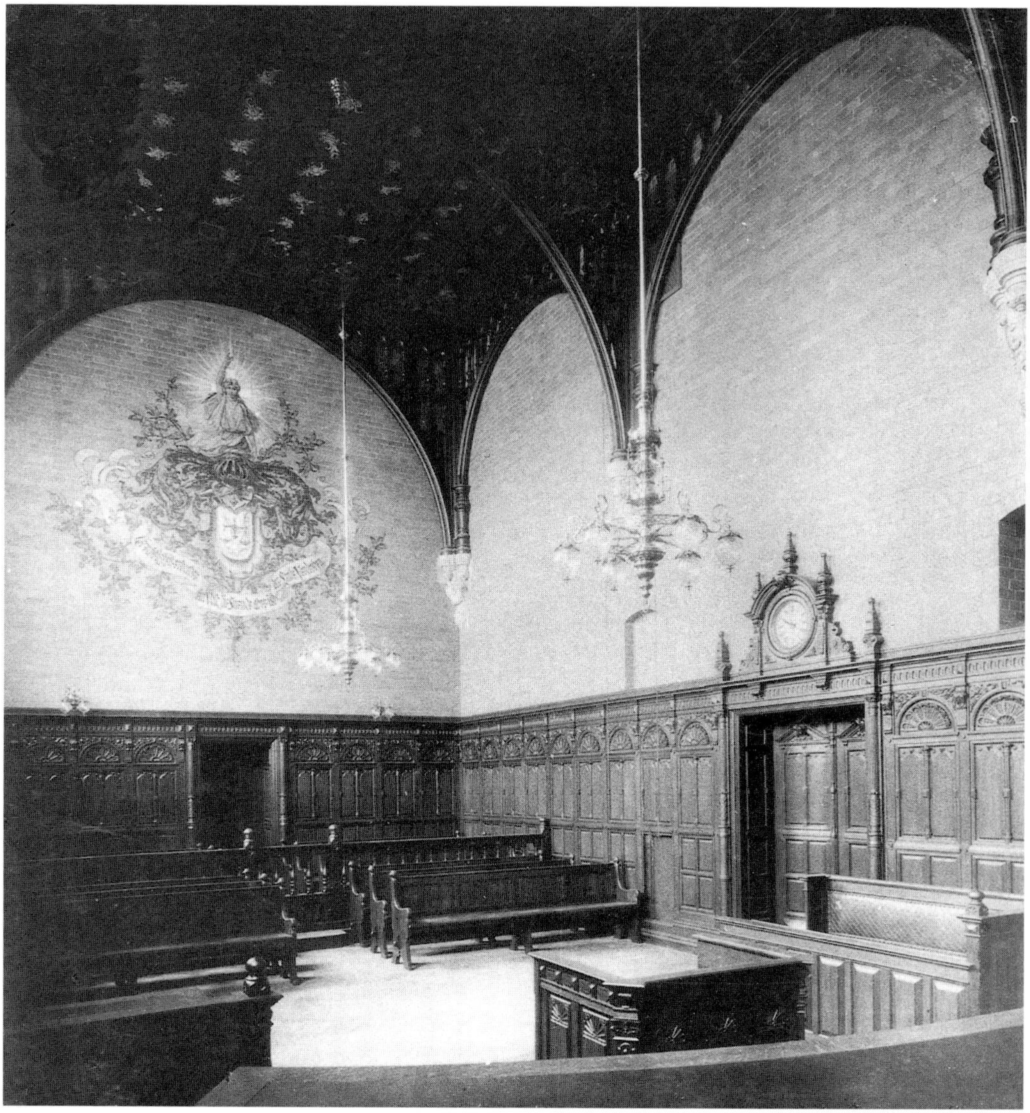

Aufgefundenes Archivfoto von 1895 mit Wandmalerei als Basis für eine Restaurierung

ten: *Gerechtigkeit erhoehet ein Volk, die Suende aber ist der Leute Verderben.*
Beispielhaft seien einige Auszüge aus Restaurationsberichten zitiert, die insbesondere Sorgfalt und Sachverstand erkennen lassen. So wurde im Bericht für die Aufpolsterung und Beschaffung geeigneten Leders und dessen Bearbeitung für die Möbel vermerkt, daß das Vollrindleder, naturgegerbt von 1,8 – 2 mm Stärke, für diesen Zweck anzufertigen sei. Die Bestellung sei nur in „Häuten" und nicht in Quadratmetern möglich. Eine Rinderhaut könne ungefähr 5 qm abdecken. Genauere Angaben seien aber erst nach Lieferung möglich, deshalb wären gleich Reserven einzukalkulieren. Für die Bespannung von zwölf Stühlen, zwölf Armlehnsesseln, einer großen Bank mit Flechtung und einer kleinen Banklehne einschl. einer einzukalkulierenden Reserve seien schließlich zwölf Häute zu bestellen gewesen. Nach dem Zuschnitt seien die Ornamentierung in alter Ornamenttechnik, das Patinieren aller Lederteile und das Punzen und Ausmalen des kleinen Bremer Wappens vorgenommen worden. Ein praktischer Hin-

Frühjahrsputz mit Dachshaarpinseln

Im schönsten Saal des Landgerichts wird ein 100 Jahre alter Wandbehang restauriert

Zwei Monate lang ist die Öffentlichkeit ausgeschlossen. Im Schwurgerichtssaal des Landgerichts, wo sonst Mörder und Räuber vor ihren Richtern sitzen, wird der Wandteppich restauriert, der drei Wände des riesigen Raums bedeckt. Es ist eine mühselige Arbeit, die besonderer Sorgfalt bedarf: Mit kleinen Dachshaarpinseln tupfen sechs Männer den Staub eines Jahrhunderts aus den 300 Quadratmetern.

Die Wand hinter den Richtersesseln wird vom Bremer Stadtwappen geziert, gegenüber, hinter den Zuschauerbänken, spannt ein blaß gewordener Reichsadler seine Schwingen. Was auf den ersten Blick aussieht wie eine kunstvoll bemalte Tapete, ist in Wahrheit eine wenige Zentimeter vor den Wänden aufgehängte Bespannung, ein Gewebe aus Jute- und Flachsfäden, das einst mit Hilfe von Schablonen bemalt wurde. Man schrieb das Jahr 1895, als in diesem Gerichtssaal, der in Norddeutschland einzigartig ist, zum ersten Mal ein Urteil gesprochen wurde.

Der Zahn der Zeit hat kräftig an diesem Wandbehang genagt. Das Gewebe ist brüchig

Von Bernd Meier

geworden, es würde reißen, wenn man es abhängte oder naß reinigte. So bleibt der „Bremer Werkstatt", die auch schon die Güldenkammer und den Kaminsaal des Rathauses restauriert hat, nur die mühsame Reinigung mit kleinen Pinseln.

In der vergangenen Woche wurde in den zehn Meter hohen Saal ein dreigeschossiges Gerüst eingezogen. Seitdem tupfen die Männer den Wandteppich, der noch nie gereinigt wurde, Quadratzentimeter für Quadratzentimeter ab, eine Prozedur, die zweimal notwendig ist, um der Bespannung ein bißchen Farbe zurückzugeben. Anschließend werden die 300 Quadratmeter vorsichtig abgesaugt und die besonders stark verblaßten Stellen leicht

Der Reichsadler hat eine Staublunge: Mit solch kleinen Pinseln klopfen die Restaurateure den Staub eines Jahrhunderts aus dem Wandbehang im Schwurgerichtssaal. Eine Reinigung mit Alkohol oder einem anderen nassen Mittel hätte zur Folge, daß das Gewebe reißt. Foto: Jochen Stoss

Das Landgericht an der Domsheide zählt neben dem Rathaus und dem Schütting zu den herausragenden Baudenkmälern Bremens. Gleichwohl war die aufwendige Restaurierung seines größten Saals nicht unumstritten. Ist es mit einer modernen Strafjustiz noch zu vereinbaren, so fragten Kritiker aus der Politik, wenn ein Angeklagter in

scheidend ist nicht der Saal, sondern das Verhandlungsklima, der Ton, den man gegenüber den Angeklagten anschlägt." Crome fand Unterstützung beim Landesamt für Denkmalpflege, und die Stiftung Wohnliche Stadt gewährte die beantragten 100 000 Mark, die die Restaurierung des Wandbehangs kostet.

mann gebracht. 460 000 Mark kostete die Restaurierung, auch hier übernahm die Stiftung Wohnliche Stadt den Löwenanteil, den Rest steuerte der Justizsenator bei.

Stolze 2,75 Millionen hatte in den vergangenen Jahren schon die Reinigung der Fassaden des Landgerichtsgebäudes gekostet, zur Zeit wird noch das ehemalige Unter-

Pressebericht über die Restaurierung der textilen Wandbespannung im Schwurgerichtssaal

weis des Restaurators bei der Berechnung der Lederbespannung eines großen Richtertisches im Sitzungssaal bringt den Leser sicher zum Schmunzeln : „Der große Richtertisch ist nur in drei Lederteilen machbar, da Kühe nur eine begrenzte Länge haben"!

Im Strafkammersaal Raum 231 wurden die nach dem Krieg erfolgte Einfachverglasung gegen eine Bleiverglasung ausgetauscht; das Parkett ausgebessert, abgeschliffen und neu versiegelt; eine Neuinstallierung von Wandleuchten einschl. einer neuen Elektroinstallation nach heutiger DIN-Norm vorgenommen; die Heizkörper ausgetauscht; das Holzwerk von alten Wachsen und anderen Oberflächenmaterialien durch Abwaschen oder Abbeizen gereinigt und ausgebessert. Risse und Schadstellen wurden jedoch nur aufgearbeitet, soweit dieses für die Haltbarkeit, zum Schutz vor (Kleidungs-)Schäden oder zur Beseitigung von erheblichen optischen Beeinträchtigungen erforderlich erschien.

Eine moderne Zutat und Besonderheit ist die wegen der problematischen Akustik des Raumes installierte Lautsprecheranlage. Von der Technik her soll sie angeblich, wenn auch als Miniaturausgabe, der Anlage im Kreml entsprechen.

1993 erfolgte die Restaurierung der textilen Wandbespannung im Schwurgerichtssaal. Mit Rücksicht auf die Materialbeschaffenheit und den Erhaltungszustand kam nur eine Trockenreinigung vor Ort in Betracht. Das Gewebe besteht im Schußfaden aus Leinen und im Kettfaden aus Jute. Beim Abhängen der Wandbespannung wäre das Gewebe gerissen, da Jute weniger haltbar und belastbar ist. Gleiches wäre bei der Reinigung mit Alkohol zu befürchten gewesen. Wegen gesundheitlicher Gefahren kam eine Reinigung mit Peroxyden vor Ort nicht in Frage. Die Reinigung erfolgte daher durch Abpinseln mit einem Dachshaarpinsel (1/4 Zoll !), Absaugen und Abblasen. Nach Erstellen einer Farbanalyse erfolgte ein leichtes Übermalen verschiedener Stellen. Dazu war die Aufstellung eines Gerüstes erforderlich, weil die Tragfähigkeit des Holzfußbodens für den Einsatz eines Hubwagens (Gewicht für die notwendige Höhe etwa 1,3 Tonnen) nicht ausgereicht hätte. Durch Sperren des Sitzungssaales für den Sitzungsdienst konnten die Arbeiten tagsüber durchgängig erfolgen und in genau zwei Monaten abgeschlossen werden.

Der Weser-Kurier berichtete am 11. 3. 1993 über die Durchführung dieser Arbeiten.

Zu den weniger sichtbaren aber notwendigen Sanierungsarbeiten gehörte die Erneuerung der gesamten Elektroinstallation des Hauses nach heutiger DIN-Norm. Aufgrund entsprechender Beanstandungen durch den Technischen Überwachungsverein erfolgte deshalb bereits 1985/86 aus Gründen der Feuersicherheit eine umfangreiche Instandsetzung der Elektroanlage, die immer noch nicht abgeschlossen ist. Notwendig waren eine neue Hauptverteilung, das Legen neuer Steigleitungen vom Keller bis zum Dach und für die Versorgung der für den heutigen Dienstbetrieb notwendigen elektronischen Datenverarbeitung das Verlegen zusätzlicher Stromkreise einschließlich der Leerrohre für Fernmeldekabel, Datenübertragung und Notbeleuchtung.
Ab 1980 wurde die Wasserinstallationsanlage (Kaltwasser und Abwasser) bis etwa 1990 saniert, während ab 1985 im Bereich der Archivräume im Boden- und Kellerbereich Brandschutzmaßnahmen (feuerhemmende Türen, Schließen von Mauerdurchbrüchen etc.) durchgeführt und die Installation einer Rauchmeldeanlage durch das Hochbauamt begonnen und schließlich vom Fernmeldetechnischen Amt (jetzt BREKOM) bis Anfang 1993 der Norm entsprechend verbessert wurden.
Für die kommenden Jahre steht eine Fortsetzung der genannten Restaurierungsarbeiten im Technikbereich an, die insbesondere durch den begonnenen Einsatz der elektronischen Datenverarbeitung (Datennetze) erforderlich werden.

10.3. Staatsanwaltschaft

Die Außenansicht des für die Staatsanwaltschaft umgebauten Gebäudes ist zwar durch die Vergrößerung der Fenster und das Entfernen der Gitterstäbe verändert worden, hat aber das ursprüngliche Erscheinungsbild nur unwesentlich verändert. Die Fensterbänke aus Sandstein wurden entsprechend tiefer wieder fachmännisch eingefügt, erhaltene Klinker wieder verwendet und ein Großteil sogar in Format und Farbgebung neu beschafft und in alter Form verbaut. Über dem Eingang notwendige Fensteröffnungen für die dahinter liegenden Räume (rechts und links von der Rosette) sind nicht oben bogenförmig, sondern quadratisch gehalten und in Sockelhöhe zu den anderen Fenstern angebracht, um alt und neu gegenüberzustellen und die Rosette in ihrer Dominanz am Portal betont zu lassen. Die gesamte Front im Innenbereich und zum Innenhof wurde gereinigt und gewaschen. Die Aufstockung im Dachbereich ist in leichter Stahlkonstruktion ausgeführt und etwas zurückversetzt, so daß sie kaum auffällt, insbesondere bei bewußter Wahrnehmung sich aber nicht mit dem ursprünglichen Baustil vermischt. Im Bereich Buchtstraße wurde sogar das ehemalige Balkongitter der Anstaltsleiterwohnung wieder davorgesetzt.
Da in der ehemaligen Kapelle unter einer zuvor abgehängten Decke sowie hinter zwei wieder abgetragenen Wänden die Reste der ehemaligen Kapellenausmalung und zwei beschädigte Sandsteinkonsolen zutage traten, wurden Restaurierungsarbeiten mit einem Zuschuß aus dem Fonds der Denkmalpflege durchgeführt. Auszüge aus dem Restaurierungsbericht dokumentieren die Sorgfalt der Arbeiten: „*Neben Putzabplatzungen und teilweisen Putzergänzungen prägten das Schadensbild am gravierendsten die ausgesprochen starke Versalzung sowie zahlreiche Wasserränder ... Die Malerei war sehr stark verschmutzt und teilweise mit Dispersionsfarben überstrichen. Außerdem hatte die Leimfarbe nur noch eine sehr schwache Bindung*". Nach entsprechender Behandlung des Mauerwerks: „*Ein Teil der Malerei wurde mit Skalpell und Modelliereisen freigelegt, ohne die kaum gebundene Malschicht zu zerstören. Kittungen im Fugenbereich erfolgten mit Kalkmörtel (Marmorsumpfkalk – 3 Jahre gesumpft – und Sand). Die Reinigung der Malerei erfolgte mit weichen Pinseln und Reinigungsschwämmen in zwei Durchgängen. Durch mehrmaliges Aufsprühen von Methylzelluloseleim in destilliertem Wasser konnte eine ausreichende Bindung der Leimfarbenmalerei wiederhergestellt werden*".
Zwischen den die Gewölbe auffangenden Sandsteinkonsolen wurde ein breites Ornamentband gefunden, in dessen Mittelpunkt sich auf der Ostseite ein Adler mit einer Bibel (Symbol Evangelist Johannes) auf gol-

Vorzustand

Endzustand

denem Grund (Schlagmetall), umrahmt von zwei Fabeltieren und Ranken auf schwarzem Grund, feststellen ließ. Die umseitigen Bilder verdeutlichen den Erfolg auch dieser Bemühungen.
Bei Umbauarbeiten in den sechziger Jahren wurden zwei der dreizehn Sandsteinkonsolen, die die Last der Kreuzgratgewölbe aufnehmen, abgeschlagen, um eine Tür an dieser Stelle einzubauen. Nun erfolgte die Restaurierung durch eine Armierung aus eingedübelten V2A-Stahlschrauben und verzinktem Draht an den Bruchkanten und durch anschließendes Antragen einer Steinersatzmasse in mehreren Schichten (max. 3 cm pro Tag). Präzise Formwiedergabe erfolgte mit Hilfe von angefertigten Schablonen nach den Mustern der übrigen Konsolen. Die Oberfläche wurde anschließend nachscharriert und einlasiert (siehe oben).
Sozusagen als Abschiedsgeschenk fertigte die Schlosserei der Justizvollzugsanstalten in Oslebshausen zwei schmiedeeiserne Gitter für die Wendeltreppe zur ehemaligen Anstaltsleiterwohnung in der Eingangshalle. Die Vorlagen zeichnete nach dem Muster der vorhandenen Treppengeländer das Architektenbüro Schmidt unter Beteiligung des Amtes für Denkmalpflege.

10.4. Innenhof

Ein größeres Vorhaben der nächsten Zeit wird die Sanierung des Innenhofes sein. Zunächst wird das dort verlegte Kanal- und Leitungsnetz zu erneuern sein (die Beheizung erfolgt durch das gegenüberliegende neue Amtsgericht). Risse und Ablagerungen im Abwasserkanal haben bereits zu Problemen geführt, Kanalbrüche sind zu befürchten. Anschließend wird eine neue Pflasterung erforderlich, die bereits durch den Umbau der Haftanstalt und den damit verbundenen Bauverkehr stark gelitten und zu Unfällen geführt hat. Außerdem ist eine stilgerechte Beleuchtung vonnöten, weil der Innenhof, nachdem das ehemalige Untersuchungsgefängnis einer anderen Bestimmung zugeführt wurde, tagsüber für das Publikum geöffnet werden kann. Abends sind - insbesondere durch die Brückenkonstruktionen und die einmalige Gebäudekulisse sowie dazu in akustisch abgeschirmter und zentraler Lage - kulturelle Veranstaltungen in einmaliger Atmosphäre gut denkbar. Entsprechende Untersuchungsberichte, von Fachleuten inzwischen eingeholt, sind vielversprechend.

Es ist zu hoffen, daß der Erhalt der historischen Gebäude Gerichtshaus und Staatsanwaltschaft für die Zukunft gesichert ist, zumal dieses Areal auch städtebaulich zunehmend wieder an Bedeutung gewinnt und der Allgemeinheit neu erschlossen werden sollte.

Vorzustand

Endzustand

Vorzustand mit Salzausblühungen und Versottungen

Endzustand (Detail)

Literaturhinweise

Architekten- und Ingenieurverein (Hrsg.): Bremen und seine Bauten, Bremen 1900.

Buchenau, Franz: Die Freie Hansestadt Bremen – Eine Heimatkunde, Bremen 1934.

Der Senator für Justiz und Verfassung der Freien Hansestadt Bremen (Hrsg.): „Reichskristallnacht" in Bremen, Vorgeschichte, Hergang und gerichtliche Bewältigung des Pogroms vom 9./10. November 1938, Bremen 1988.

Der Senator für Justiz und Verfassung der Freien Hansestadt Bremen (Hrsg.): Strafjustiz im totalen Krieg – Aus den Akten des Sondergerichts Bremen 1940–1945, Band 1, Bremen 1991; Band 2, Bremen 1994; Band 3, Bremen 1994.

Förster, Walter: Das Haus am Wall – Aus Bremens Geldgeschichte, Bremen 1983.

Fritz, Otto: Die lateinischen Inschriften des Landgerichtsgebäudes in Bremen, in: Stabenau, Hans-Peter (Hrsg.): Jahrbuch der Wittheit zu Bremen, Band XXVIII, Bremen 1984, Seiten 39–53.

Gramatzki, Rolf: Das Rathaus in Bremen – Versuch zu seiner Ikonologie, Bremen 1994.

Helbig, Wilfried: Gleichschaltung und Ausgrenzung. Der Weg der bremischen Anwaltschaft ins Dritte Reich, in: Hanseatische Rechtsanwaltskammer Bremen (Hrsg.): Veröffentlichungen der Hanseatischen Rechtsanwaltskammer Bremen, Band II, Bremen 1990.

Hiemsch, Jan: Die bremische Gerichtsverfassung von der ersten Gerichtsordnung bis zur Reichsjustizgesetzgebung 1751–1879, Bremen 1964.

Irmscher, Johannes; Johne, Renate: Lexikon der Antike, Leipzig 1979.

Kähne, Volker: Gerichtsgebäude in Berlin – Eine rechts- und baugeschichtliche Betrachtung, Berlin 1988.

Klemmer, Klemens; Wassermann, Rudolf; Wessel, Thomas Michael: Deutsche Gerichtsgebäude – Von der Dorflinde über den Justizpalast zum Haus des Rechts, München 1993.

Köhler, Gerhard: Bilder aus der Deutschen Rechtsgeschichte, München 1988.

Kröning, Volker; Pottschmidt, Günter; Preuß, Ulrich K.; Rinken, Alfred (Hrsg.): Handbuch der Bremischen Verfassung, Baden-Baden 1991.

Lippfert, Klementine: Symbolfibel – Eine Hilfe zum Betrachten und Deuten mittelalterlicher Bildwerke, Kassel 1961.

Lurker, Manfred: Wörterbuch der Symbolik, Stuttgart 1983.

Müller, Hartmut; Rohdenburg, Günther (Hrsg.): Kriegsende in Bremen: Erinnerungen, Berichte, Dokumente, Bremen 1995.

o. V.: Das neue Gerichtsgebäude in Bremen, in: Deutsche Bauzeitung, XXX. Jahrgang, Berlin 4. 4. 1896, Seiten 173 ff., und 11. 4. 1896, Seiten 185 ff.

o.V.: Die Preisbewerbung für Entwürfe zu einem Gerichtshause für Bremen, in: Deutsche Bauzeitung, XXIV. Jahrgang, Berlin 14.5.1890, Seiten 233 f.

Oesterreicher-Mollwo, Marianne: Symbole, Freiburg 1982.

Peters, Fritz: Zwölf Jahre Bremen 1933–1945, Bremen 1951.

—: Zwölf Jahre Bremen 1945–1956, Bremen 1976.

Prüser, Friedrich: Heimatchronik der Freien Hansestadt Bremen, Köln 1955.

Richter, Walther: Die Organisation der ordentlichen Gerichte in der Enklave Bremen 1945–1947, Bremen 1990.

Schäfer, Dietrich: Die deutsche Hanse, Bielefeld und Leipzig 1925.

Schminck-Gustavus, Christoph U.: Das Heimweh des Walerjan Wróbel – Ein Sondergerichtsverfahren 1941/42, Berlin, Bonn 1986.

Schwarzwälder, Herbert: Bremen im Wandel der Zeiten – Die Altstadt, Bremen 1970.
Stadler, Klemens: Deutsche Wappen, Bremen 1966.
Stein, Rudolf: Romanische, Gotische und Renaissance-Baukunst in Bremen, Bremen 1962.
Tardel, Hermann: Der Bremer Schlüssel – Zur Geschichte des Wahrzeichens, Bremen 1946.
Wrobel, Hans: Verurteilt zur Demokratie – Justiz und Justizpolitik in Deutschland 1945–1949, Heidelberg 1989.
Zeller, Paul: Calwer Bibellexikon – Biblisches Handwörterbuch, Stuttgart 1924.
Zink, Jörg, Das Alte Testament, Stuttgart 1966.

Bildnachweis

Bremer Landesmuseum für Kunst und Kulturgeschichte (Focke-Museum)
Archivaufnahmen Seiten 102, 103, 104
Burmeister, Heinrich, Bremen
Seite 14 (oben)
Diesenberg, Richard, Bremen
Seite 86 (oben)
Heinisch, Philipp, Wilhelmsdorf/Bodensee
Seite 35
Hochbauamt Bremen (BreHoch)
Seiten 33, 101 (rechts)
Landesamt für Denkmalpflege, Bremen
Seiten 19, 107, 108, 109
Landesbildstelle Bremen
Seite 101 (links)
Schmidt, Kurt, Bremen
Seiten 28, 29, 31, 34 (rechts)
Staatsarchiv Bremen
Archivaufnahmen Seiten 11, 12, 14 (unten), 22, 23, 61, 89, 90, 94, 97, 98
Entwürfe aufgrund einer Ausschreibung
Seiten 15–18, 27
Alle übrigen Fotos:
Larisch, Norbert, Bremen

Stichwortverzeichnis